Les Cités Impériales

Directeur artistique et technique :
A.-Chaouki Rafif
Traduction de l'anglais :
Marie-France Arlon et Christian Diebold
Coordination éditoriale et iconographique :
Marie-Pierre Kerbrat

Photographies :
Françoise Peuriot et Philippe Ploquin (sur films Fuji) sauf : Hoa Qui/Michel Renaudeau, p. 57. Samuel Pickens, p. 49. Charles-Henri Ploquin, pp. 63, 260, 286.

ISBN 2-86770-075-2
N° d'éditeur : 1076/1
Dépôt légal : quatrième trimestre 1995

Photogravure : Chromostyle, Tours
Composition et montage : APS, Tours
Imprimé en France par Mame Imprimeurs, Tours

MAROC
Les Cités Impériales

FÈS
MARRAKECH
MEKNÈS
RABAT-SALÉ

Texte de
Samuel Pickens

Photographies de
Françoise Peuriot et Philippe Ploquin

ACR Édition

Chez le même éditeur et dans la même collection :

Vol. 1, Lynne Thornton, **Les Orientalistes, Peintres Voyageurs 1828-1908**
Vol. 2, Denise Brahimi et Koudir Benchikou, La Vie et l'Œuvre d'**Étienne Dinet**
Vol. 3, Lynne Thornton, **La Femme dans la Peinture Orientaliste**
Vol. 4, Gerald M. Ackerman, La Vie et l'Œuvre de **Jean-Léon Gérôme**
Vol. 5, Caroline Juler, **Les Orientalistes de l'École Italienne**
Vol. 6, James Thompson et Barbara Wright, La Vie et l'Œuvre d'**Eugène Fromentin**
Vol. 7, Félix Marcilhac, La Vie et l'Œuvre de **Jacques Majorelle**
Vol. 8, Auguste Boppe, **Les Peintres du Bosphore au XVIIIe siècle**
Vol. 9, Gerald M. Ackerman, **Les Orientalistes de l'École Britannique**
Vol. 10, Gerald M. Ackerman, **Les Orientalistes de l'École Américaine***

Narjess Ghachem Benkirane (texte) et Philippe Saharoff (photographies), **Marrakech, Demeures et Jardins secrets**
Katia Azoulay, Elsa Rosilio et Régine Sibony (texte), Liliane Benisty et Pierre Gailhanou (photographies), **Essaouira : Mogador, Parfums d'enfance**
Nicole Levallois, **Les Déserts d'Égypte**
Jean-Louis Miège et Georges Bousquet (texte), Jacques Denarnaud (photographies) et Florence Beaufre (stylisme), **Tanger, Porte entre deux mondes**
Mohamed Sijelmassi, **Les Enluminures de Manuscrits Royaux au Maroc***
Mohamed Sijelmassi, **L'Art contemporain au Maroc**
Mohamed Sijelmassi, **Fès, cité de l'Art et du Savoir**
David Rouach (texte) et Jacques Adda (photographies), **Les Bijoux Berbères au Maroc** (dans la tradition judéo-arabe)
Samuel Pickens (texte), Michel Renaudeau et Xavier Richer (photographies), **Le Sud Marocain**
Khireddine Mourad (texte) et Alain Gérard (photographies), **Marrakech et La Mamounia***
Michel Bulteau, Alain Jouffroy (texte) et Lyu Hanabusa (photographies), **Le Yémen, une sensation de bonheur**

---

* *Disponible également en anglais.*

Sommaire

Introduction

Chaque dynastie sut imprimer sa marque sur les capitales respectives, mais les formes architecturales et décoratives présentent pourtant une continuité réelle, y compris à notre époque. La force de l'attachement à la tradition y est pour beaucoup, qui s'appuie sur la transmission de savoir-faire fort élaborés au sein de guildes organisées d'artisans et d'artistes.

Le Maroc n'a jamais été vraiment conquis. Les Romains dressèrent des cartes. Au vu de celles-ci, ils paraissaient s'être réservé de vastes territoires dans ce qu'ils appelaient la Mauritanie Tingitane ; mais, en fait, ils ne contrôlaient que des portions du territoire ; en général, seulement celles qui se trouvaient à proximité de leurs villes de garnison.

Lorsque l'Islam toucha le Maroc, il ne prit pas la forme d'une invasion arabe. Il était incarné par Moulay Idriss, un réfugié du califat abbasside de Bagdad. Si ce dernier fut bien accueilli par les Berbères de la région de Meknès, ce n'est pas grâce à son habileté dans le maniement de l'épée, mais à sa sagesse et à sa connaissance du Coran (qu'il savait par cœur, depuis l'âge de huit ans).

De manière tout à fait significative, les Turcs ne conquirent jamais le Maroc, bien qu'ils aient eu de grandes visées sur le pays. L'avance turque au-delà des frontières de l'Algérie fut stoppée avec fermeté ; elle se heurta à une résistance acharnée, qui fut principalement le fait du grand sultan Moulay Ismaïl.

Les prétendants à la conquête arrivaient et partaient ; simplement, les limites du territoire contrôlé par l'autorité centrale étaient transformées, elles s'étendaient ou se rétractaient ; cela dépendait de qui détenait le pouvoir. Les dynasties marocaines elles-mêmes devaient constamment rétablir leur emprise sur les régions éloignées, en menant des campagnes punitives successives. L'État s'efforçait ainsi d'assujettir les tribus, mais celles-ci, confrontées à une puissance militaire qui leur était supérieure, se contentaient de se réfugier dans les montagnes, dans l'attente de circonstances qui leur fussent plus favorables. Quand la situation serait mûre, les Berbères fougueux dévaleraient les pentes de l'Atlas ou du Rif et fondraient sur l'un des centres politiques qui comptaient à l'époque – Fès et Marrakech devinrent les plus importants après le Xe siècle –, ils l'occuperaient jusqu'au moment où ils seraient à leur tour évincés, temporairement, par une autre tribu.

Un tel état de fait devait donner naissance à des concepts très importants dans l'histoire du Maroc : la division du pays entre deux types de régions, le *bled el makhzen,* ou territoires gouvernementaux (réellement contrôlés par une autorité centrale), et le *bled es siba* (territoires qui échappaient à cette dernière). Jusqu'à des temps récents, chaque dynastie dut reconquérir les terres prises par ses prédécesseurs. Même pendant le règne d'une dynastie, le nouveau sultan devait soumettre à nouveau les terres déjà contrôlées par son père. Au cœur de cette résistance : les Berbères, le peuple inflexible et combatif des déserts de l'Ouest et des hauts plateaux montagneux.

Les Berbères

Toute introduction à une histoire culturelle du Maroc se doit de commencer par les Berbères. Il s'agit d'un peuple méditerranéen, composé de groupes différents, parmi lesquels les Libou de l'Est du Maghreb sont dominants. Les premiers Berbères effectuèrent probablement une migration vers l'ouest, après avoir quitté le croissant fertile. L'emploi actuel du mot berbère est impropre. Il vient soit du grec *barbaros* soit du latin *barbari* et définit, en creux, ceux qui n'étaient ni Grecs ni Romains. C'est un terme dont la signification est large et permet d'englober de nombreux groupes tribaux. Comme beaucoup de dénominations de ce type, il n'a aucune utilité pour appréhender l'histoire complexe des tribus particulières. Les fameux guerriers touaregs sont des Berbères, de même que les fermiers kabyles. L'usage du qualificatif est devenu courant, y compris chez les Berbères eux-mêmes, mais si celui-ci était employé de manière pertinente, il ne devrait désigner que certaines tribus ou confédérations de tribus.

Divers dialectes berbères sont employés dans de petites aires linguistiques, de l'Égypte aux îles Canaries. Le « berbère », tel qu'il est parlé par trente pour cent de la population marocaine, est assez éloigné de l'arabe actuel, mais ne conserve que peu de choses de ses sources linguistiques originelles. L'arabe a été apporté aux VIIe et VIIIe siècles ; son emprise s'est consolidée au IXe siècle, sous les Idrissides, la première dynastie arabe.

Il y a trois groupes berbères principaux : les *Zenata*, les *Masmuda* et les *Sanhaja*. Chacun de ces groupes a joué un rôle important dans l'histoire du Maroc.

Les *Zenata,* ou Zénètes, étaient des nomades et avaient émigré vers l'ouest, après avoir quitté les territoires de la Libye et de la Tunisie actuelles. Ils parcouraient les plaines centrales et les montagnes de l'Ouest du Maroc, à la recherche de nouveaux pâturages, en fonction des changements de saison. Ils furent brièvement christianisés au VIe siècle, à l'époque byzantine, mais se convertirent bientôt avec enthousiasme à l'Islam, sous l'influence des Arabes arrivés au Maroc au VIIe siècle. Ils contribuèrent à répandre la religion musulmane parmi les Berbères et, plus tard, combattirent l'hérésie kharijite (dont les défenseurs avaient proclamé qu'il n'était pas nécessaire de descendre du Prophète pour devenir calife). Ils construisirent les premières fortifications de Rabat et, plus tard, fondèrent Meknès.

C'est peut-être au travers de la tribu des Banû Marîn, connus ultérieurement sous le nom de Mérinides, que les Zenata apportèrent leur plus grande contribution à l'histoire du Maroc.

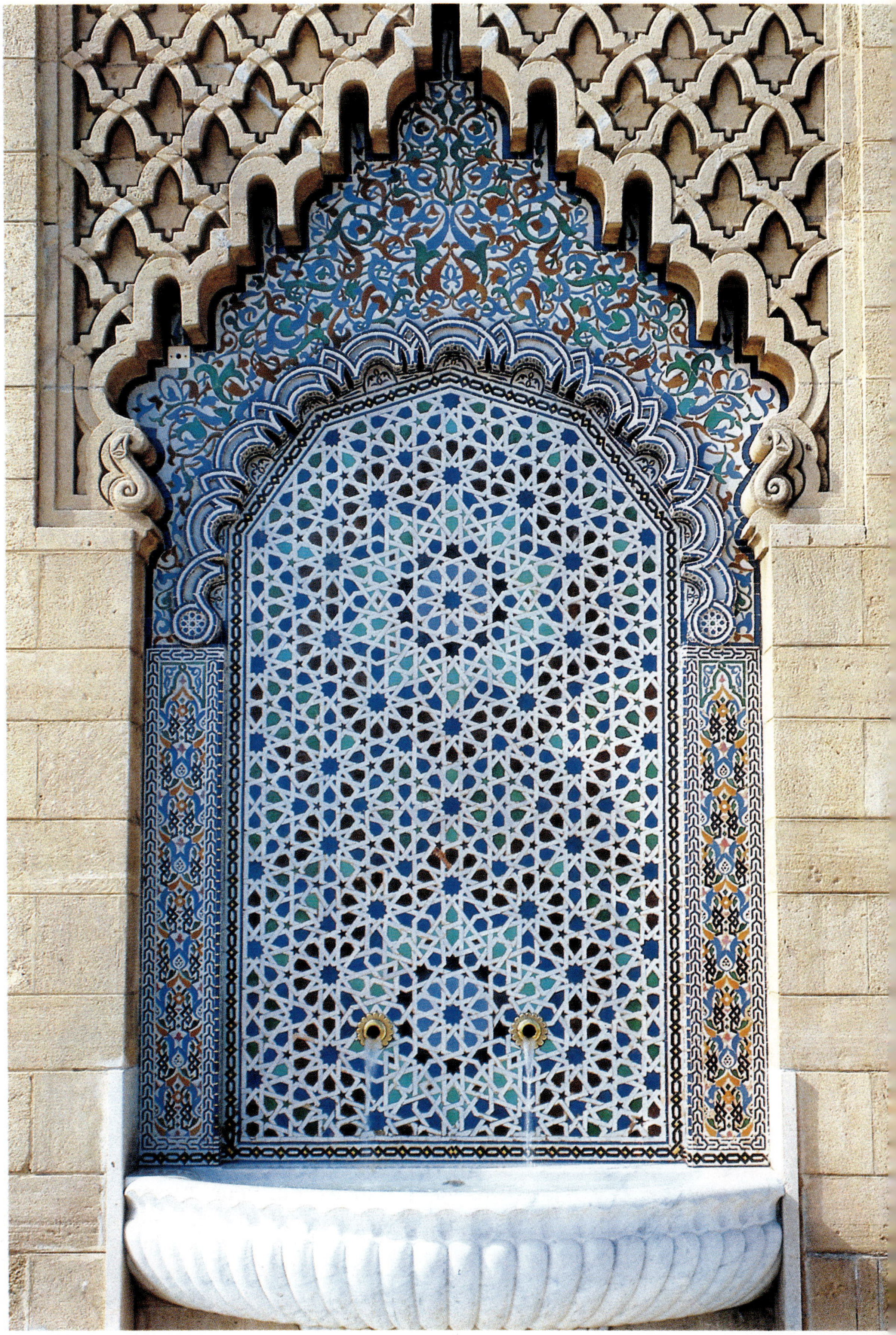

La dynastie mise en place par les Mérinides apporta, au XIVe siècle, une grande prospérité et une étonnante floraison artistique.

A l'opposé des nomades zenata, les Berbères *Masmuda* étaient des cultivateurs. Ils préféraient mener une vie sédentaire dans le sud-ouest du Maroc, principalement sur les pentes du Haut-Atlas.

C'est auprès d'eux qu'après avoir été rejeté par une tribu *sanhaja*, Ibn Tumart (? – 1130), le fondateur de la dynastie almohade, trouva un refuge et un appui qui lui permirent de préparer les réformes religieuses qui devaient transformer radicalement le Maroc, quelques années plus tard.

Les *Sanhaja*, des nomades du désert qui traversèrent le Sahara, donnèrent naissance à deux dynasties : d'abord directement à celle des Almoravides, au XIe siècle, puis, ensuite, ils apportèrent un soutien décisif aux chorfa saadiens, au XVIe siècle. Sous la dynastie almoravide, les Sanhaja propagèrent l'Islam à travers le Sud du pays et jusque dans l'Afrique noire sahélienne. Les deux dynasties almoravide et saadienne firent de Marrakech leur capitale.

Ces peuples donnèrent aussi naissance à des personnalités religieuses et politiques dont le rôle a été fondamental. Saint Augustin, qui eut une influence déterminante dans l'Église chrétienne primitive (au Ve siècle), était un Berbère. Juba II, le roi savant de la Mauritanie Tingitane romaine, fut un personnage marquant de l'Antiquité, mais s'il fut un roi berbère, on a aussi souvent évoqué son origine carthaginoise.

Les Carthaginois et les Romains

Bien que les Phéniciens eussent entretenu des relations commerciales avec les Berbères, leur présence se limitait à des installations portuaires sur la côte. Ce n'est qu'avec l'arrivée des Carthaginois que des villes assez grandes furent créées. La salaison de poissons et l'agriculture permirent d'importantes exportations.

Après la chute de Carthage en 146 avant Jésus-Christ, les Romains s'installèrent dans l'Ouest du Maroc et occupèrent les villes laissées par les Carthaginois. Les Berbères furent romanisés et, plus tard, christianisés ; de grandes cités se développèrent, principalement celles de Volubilis, près de Meknès, de Sala Colonia (à Rabat) et de Tingis (l'actuelle Tanger). La plaine de Meknès, large et fertile, devint un grenier pour Rome qui s'y procurait des légumes, de l'huile d'olive et des céréales.

L'introduction du chameau au Maghreb eut des conséquences importantes dans la région. Grâce à cet animal, les Berbères se transformèrent en une force aussi redoutable que mobile. Ils devinrent de véritables spécialistes du harcèlement des colonies romaines.

Au IIIe siècle après Jésus-Christ, les Romains se retirèrent des cités les plus éloignées et concentrèrent leur pouvoir à Tingis, afin, tout à la fois, d'être moins vulnérables aux attaques berbères et de protéger le détroit de Gilbraltar. L'abandon des villes de l'intérieur eut pour conséquence un affaiblissement de l'influence culturelle romaine. Des vestiges en subsistèrent pourtant jusqu'à aujourd'hui : à commencer par les montagnes de l'Atlas qui conservent toujours le nom du géant qui déroba les pommes d'or du jardin des Hespérides (dont on dit parfois qu'il se serait trouvé près de l'actuelle Larache), pendant qu'Hercule soutenait la voûte du ciel.

Les Vandales et les Byzantins

En mai 429, les Vandales traversèrent le détroit de Gilbraltar et entrèrent

Double page suivante :

Les toits et les minarets de la grande mosquée ajoutent le vert sacré de l'Islam à la mosaïque moutarde et étain que forme Fès el Bali (Fès l'ancienne). La plus vieille cité impériale a été, pendant plus de mille ans, un foyer culturel et religieux, un haut lieu d'enseignement et un centre de la vie politique.

Détail d'un minaret cylindrique de Moulay Idriss, fondé à la fin du VIIIe siècle par le premier sultan arabe du même nom. A quelques kilomètres de là se dresse l'antique cité romaine de Volubilis (à droite), bâtie au Ier siècle avant J.-C. sur le site d'un village berbère.

Fès, vénérable et millénaire, la plus vieille cité du Maroc, siège de la plus ancienne université, voit commencer un nouveau jour de son histoire longue et illustre. C'est la première des cités impériales qui ait été édifiée et elle a conservé le statut de capitale plus longtemps que Marrakech, Meknès ou Rabat.

Chacune des dynasties marocaines l'a crainte ou aimée ; aucune n'a pu se permettre de l'ignorer, même lorsque le gouvernement n'y siégeait pas, elle était la capitale culturelle, religieuse, intellectuelle, artistique et politique. Elle est maintenant devenue un musée infiniment riche et vivant de la culture et de l'histoire du Maroc.

La fondation de Fès

La première dynastie dont l'empreinte est restée marquée dans l'histoire de la ville est celle des Idrissides, ses fondateurs, d'ailleurs. Entre l'apogée de la culture romaine et chrétienne à Volubilis (près de Meknès), au IIIe siècle après Jésus-Christ, et l'arrivée des *chorfas* idrissides au VIIIe siècle, le Maroc s'était assoupi. On sait peu de choses de cette époque, bien que l'on puisse présumer que les Berbères des villes romaines avaient continué à vivre dans un semblant de culture romaine et chrétienne.

Ce sommeil fut interrompu par l'avant-garde de l'Islam qui progressait en Afrique du Nord. Les Umayyades (ou Omeyades) de Damas avaient fait une percée à travers le Maroc et atteint l'océan Atlantique en 683 ; c'est là que leur commandant nomma le territoire « Al Maghrib », ou le Soleil Couchant. Mais les Berbères des terres « conquises » n'étaient pas soumis, en particulier les Kharijites, et la région demeura dans un état de bouleversement perpétuel jusqu'à la venue d'une force unificatrice : celle de Moulay Idriss.

En 786, ce dernier, un descendant d'Ali (le quatrième calife et le beau-fils

du Prophète), avait participé, près de La Mecque, à une rébellion contre la dynastie abbasside de Bagdad. Après avoir été contraint à la fuite, il vint en Égypte sous un déguisement, puis partit pour « Al Maghrib ».

Après un long séjour dans ces régions, un statut lui fut enfin reconnu à Volubilis par les Berbères Aourebas : son noble lignage *chérifien* et sa connaissance exceptionnelle du Coran et des doctrines islamiques convainquirent les Aourebas d'en faire leur *imam* (chef politique et religieux).

Au cours des années suivantes, d'autres tribus de la plaine de Meknès se soumirent à Moulay Idriss. Bientôt le territoire de la première dynastie marocaine s'étendit au point d'inclure la majeure partie du Nord du Maroc et de ce qui est maintenant l'Ouest de l'Algérie jusqu'à Tlemcen.

Les Abbassides rattrapèrent Idriss et le firent empoisonner. Il n'avait pas de descendant mâle, mais une des femmes du sultan, une Berbère, était enceinte. Le serviteur de confiance de Moulay Idriss, Rachid, décida les Aourebas à attendre la naissance, plutôt que de chercher un autre chef.

Un garçon vint au monde et fut nommé Idriss comme son père. Rachid lui servit de tuteur et de régent jusqu'à ce qu'il fût lui-même empoisonné par les Abbassides. A onze ans, Moulay Idriss devint *imam*.

Les Idrissides trouvèrent Volubilis trop étroite pour eux et ils envoyèrent des agents pour repérer un site suffisamment vaste pour recevoir une nouvelle capitale. En 808, la construction fut commencée, sur les bords de l'oued Fès. Pendant la première année, une bourgade entourée de murs et dotée d'une mosquée fut édifiée sur la rive droite du fleuve. Une autre fut construite l'année suivante sur la rive gauche ; elle répondait aux mêmes besoins, mais avec des moyens plus grandioses, peut-être.

Fès « el Andalou » et Fès « el Karaouiyne »

Au début du IXe siècle, le peuplement de Fès et de la région environnante était principalement berbère, malgré la présence de l'imam arabe. Cela changea de manière spectaculaire, avec l'afflux de réfugiés arabes d'Espagne et de Tunisie.

En 818, huit mille familles musulmanes – et des Juifs – furent forcées par les chrétiens de quitter l'Andalousie. La plupart d'entre elles s'installèrent dans le quartier que l'on se mit à appeler « el Andalou ». Six ans plus tard, en 824, plusieurs milliers de familles arabes furent contraintes, à leur tour, de fuir la cité tunisienne de Kairouan, à la suite d'une révolte. Les nouveaux venus occupèrent le lieu qui devint Fès « el Karaouiyne ».

L'Andalousie et Kairouan étaient à cette époque de grands foyers de culture, et les deux groupes apportèrent bientôt une contribution significative au développement économique et artistique de Fès : les arts typiquement andalous de la céramique, de la sculpture sur stuc et du travail du bois s'y épanouirent. Ces derniers ont été utilisés depuis lors pour embellir mosquées et palais. Au bout de quelques années, l'arabe devint la langue dominante.

Vue de l'intérieur de la Karaouiyne. Comme les autres grandes mosquées, elle avait une vocation non seulement religieuse, mais également universitaire. Entre les moments consacrés à la prière, les savants donnaient des conférences sur les mathématiques, l'astrologie, la théologie et les doctrines islamiques. Ce centre d'enseignement était si réputé que des étudiants y venaient de tout le monde arabe. Parmi ses anciens élèves, elle aurait compté le grand historien Ibn Khaldoun, le philosophe et codificateur de la loi juive connu sous le nom de Maimonide et le pape Sylvestre II.

Avant la prière, les croyants se lavent la tête, le cou, les mains, les bras et les pieds dans la fontaine aux ablutions qui se trouve dans l'un des angles de la cour de la mosquée.

Lorsque Moulay Idriss II mourut, en 828, neuf de ses fils se partagèrent le royaume. La désintégration était le résultat le plus probable – et d'ailleurs le plus fréquent – d'un tel acte. Cependant, Fès continua à prospérer sous le règne de Muhammad, le fils aîné, et de ses successeurs. C'est pendant cette période que la tombe de Moulay Idriss II, ou *zaoui*, fut construite. Avec la fin de cette dynastie vint le temps de son oubli ; jusqu'au moment où les Mérinides la redécouvrirent et la reconstruisirent : ils accompagnèrent la tombe de marbre, toute simple, d'un plafond magnifique de bois de cèdre et d'entrelacs de stuc peint. Elle fut à nouveau restaurée par Moulay Ismaïl à la fin du XVIIe siècle.

Aujourd'hui la *zaouïa* est un lieu de pèlerinage révéré. Pour être bénis, les fidèles touchent le tronc à offrandes, en cuivre brillant, et embrassent le mur extérieur sculpté.

En 859, sous le règne du petit-fils de Moulay Idriss II, deux sœurs, Fatima et Myriam, arrivées parmi les réfugiés de Tunisie, fondèrent les plus anciennes mosquées de Fès. Fatima finança la construction du premier sanctuaire qui devait donner naissance à la Karaouiyne ; celui-ci fut édifié à la gloire d'Allah et en mémoire du père de Fatima, un riche marchand ; l'autre sœur, Myriam, fit entreprendre la mosquée des Andalous l'année suivante.

Plus tard, la Karaouiyne fut agrandie jusqu'à devenir la mosquée la plus vaste d'Afrique du Nord avec ses 10 000 mètres carrés, une superficie suffisante pour contenir 20 000 fidèles. Toutes les dynasties qui succédèrent aux Idrissides ont ajouté à sa taille et à sa splendeur. Les Almoravides et les Mérinides l'étendirent encore, l'amenant plus ou moins à sa surface actuelle ; quant aux Saadiens, on leur doit la cour centrale, avec ses voûtes de stuc et le travail exquis des tuiles, le bassin aux ablutions fait de marbre, et sa mosaïque de carreaux bleus et blancs.

La Karaouiyne n'était pas seulement vouée au culte ; c'était aussi l'université de Fès. Sa renommée (et celle de Fès), comme centre d'études, en faisait l'institution d'enseignement la plus importante de son temps. C'est de partout dans le monde arabe que des familles y envoyaient leurs fils.

Un enseignement basé sur un système d'apprentissage « par cœur » était offert en grammaire arabe, interprétation du Coran, droit, médecine et astronomie, aussi bien qu'en d'autres matières. Les étudiants, qui suivaient souvent un cursus de dix ans et plus – vingt ans n'était pas une durée inconcevable –, se réunissaient autour de conférenciers dans les différentes salles de la mosquée. L'une des plus grandes bibliothèques du monde musulman se trouvait dans un bâtiment voisin : elle contenait plus de vingt mille volumes d'une valeur inestimable.

L'autre mosquée, celle des Andalous, dut attendre jusqu'au XIIIe siècle pour acquérir son statut à part entière : c'est sous les Almohades que, de simple oratoire, elle fut transformée en mosquée et devint un important centre d'études, autant que de prières.

Pendant tous les règnes idrissides, Fès a bénéficié d'une grande prospérité. Elle devint un centre commercial renommé, attirant des marchands de l'ensemble du Maghreb. Pour loger ces derniers, on construisit les *fondouks*. Ces bâtiments étaient composés d'un rez-de-chaussée, où les animaux de bât étaient mis à l'abri et les marchandises conservées, et d'un premier étage où il y avait des chambres pour les marchands.

En 933, le simple oratoire, dont Fatima el Fihri avait fait don, fut élevé au statut de mosquée. Les Almoravides, puis les Almohades, l'agrandirent considérablement, et c'est au XIIIe siècle, sous les Mérinides, qu'elle atteignit sa taille actuelle.

Double page suivante :

La mosquée Karaouiyne s'est développée sur les fondations d'un petit sanctuaire de 32 x 36 m² édifié en 859 pour devenir l'une des plus grandes mosquées d'Afrique du Nord. Les différents styles décoratifs et architecturaux soulignent les embellissements, les rénovations et les ajouts successivement effectués par chaque dynastie.

Chaque dynastie marocaine a apporté sa contribution à l'édification de la mosquée Karaouiyne. La fameuse céramique vernissée bleue et blanche date de la transformation entreprise au XVIe siècle par la dynastie saadienne.

Les Almoravides

Après cette époque de bien-être, Fès connut un temps de famine et d'affrontements sanglants. Des envahisseurs successifs occupèrent la ville : d'abord les Berbères Meknassas (les fondateurs de Meknès), puis les Fatimides, et finalement les Umayyades. La cité en souffrit beaucoup. En 974, les derniers membres de la dynastie idrisside furent exilés en Espagne.

C'est peu après – au milieu du XIe siècle – que les Almoravides survinrent, conduits par le sultan Youssef ben Tachfin (1062-1107). Les habitants de Fès étaient déjà épuisés par les occupations antérieures et les pénuries de vivres concomitantes. Seuls les Berbères Zenata, envahisseurs puis occupants de la cité, opposèrent une violente résistance, jusqu'au moment où les Almoravides parvinrent à les déloger.

Bien que sa capitale fût à Marrakech, Youssef ben Tachfin se mit à entreprendre de grands travaux à Fès. Il savait que la cité était partie intégrante de l'Empire, qu'il ne suffisait pas d'assujettir les Fassis, mais qu'il devait aussi les persuader de son bon vouloir à leur endroit. Il fit construire des fontaines et des bains, et pourvoir chaque maison d'eau courante. Il réunit les quartiers des deux rives « el Karaouiyne » et « el Andalou », souvent en rivalité, en détruisant leurs murs respectifs et en faisant construire des ponts. Ces ponts : el Aouad et Bein el Moudoun, sont encore utilisés aujourd'hui.

Dès l'an 1069, l'oued Fès était canalisé pour fournir en eau courante toutes les demeures de Fès. Ses eaux alimentent encore aujourd'hui les bassins d'ablutions de plusieurs mosquées. Youssef ben Tachfin fit construire des ponts réunissant les rives des deux quartiers « el Karaouiyne » et « el Andalou ».

Les Almoravides agrandirent aussi considérablement la Karaouiyne, lui ajoutant 16 salles avec 21 arcs dans chacune d'elles et un total de 270 colonnes. Sous Ali, le successeur de Youssef ben Tachfin, les arts, d'un style mêlé d'influences fassie et andalouse, fleurirent à nouveau. Bientôt, après la période de grandes luttes qu'elle venait de connaître, Fès atteignit à nouveau un niveau de vie inégalé dans tout le Maroc.

Les Almohades

Dès le milieu du XIIe siècle, cette richesse fut menacée par les réformateurs almohades. L'un des premiers actes accomplis par le sultan Abd al-Mu'min fut de faire retirer tout le stucage, parce qu'il était trop chargé d'ornements. Il abattit aussi les murs de la ville. Ses successeurs, regrettant cette dernière décision, les firent reconstruire. Les fortifications que l'on peut voir aujourd'hui datent de cette époque.

Ci-contre et double page précédente :

Les pittoresques ruelles de la médina de Fès constituent un remarquable exemple de l'ancienne architecture urbaine qui a été presque entièrement rasée au nom de la modernisation. Pour cette raison, Fès a été classée par les Nations Unies au patrimoine mondial.

La porte de la mosquée des Andalous doit sa forme actuelle aux Almohades qui l'ont reconstruite au XIIIe siècle. Elle a été fondée en 860, grâce à la générosité de la sœur de Fatima el Fihri, elle-même à l'origine de l'édification de la mosquée Karaouiyne. Elle fut érigée en grande mosquée en 1200 et devint un important lieu d'enseignement et de culte.

Après ces débuts néfastes, Fès prospéra finalement sous le règne des Almohades. Marrakech était la capitale politique, mais ne pouvait soutenir la comparaison dans les autres domaines. Erudits et artistes, venus de tout l'Empire almohade qui s'étendait de Tripoli à l'océan Atlantique, et du Sud de l'Espagne au Sahara, s'assemblaient dans la mosquée Karaouiyne et autour d'elle. La population crût jusqu'à dépasser les cent mille résidents. Plus de quatre cents *fondouks* recevaient l'afflux régulier des marchands. Ses visiteurs comme ses habitants pouvaient prier dans plus de sept cents mosquées, beaucoup d'entre elles devinrent des institutions d'enseignement comme la Karaouiyne.

La mosquée des Andalous fut agrandie et devint un centre d'études, comme sa sœur jumelle de l'autre rive de l'oued. Sa porte nord, un chef-d'œuvre de l'art almohade, s'élève, à partir de colonnes toutes simples, en un arc décoré d'inscriptions colorées et de dessins géométriques, puis atteint son apogée dans une sculpture en bois de cèdre qui représente le tiers de la hauteur de l'ensemble.

Dans les rues du vieux Fès, la mule demeure le meilleur moyen de transport des produits du marché.

Les fondouks étaient des institutions essentielles dans la vie économique de Fès. Ils servaient d'hôtels aux commerçants qui pouvaient y être logés avec leurs bêtes de charge.

Bab Dekakène fait partie d'un système de portes monumentales et de murailles défensives datant du XIVe siècle.

Les Mérinides

Les Mérinides, ou Banû Marîn, sont surtout connus pour avoir fait construire les médersas les plus belles du Maroc. C'étaient initialement des Berbères nomades qui voyageaient du nord au sud du pays, à la recherche de bons pâturages. Lorsque l'Empire almohade commença à se décomposer, les Mérinides se déplacèrent vers l'ouest et cherchèrent à tirer parti du désordre.

En 1215, un sultan mérinide fut couronné à Fès. Mais son règne fut court et précaire ; il fut en effet rapidement écarté par les Almohades. C'est seulement le quatrième sultan mérinide, Abou Yahya (1244-1258) qui, après avoir assiégé la ville pendant neuf mois, y établit fermement l'autorité de la nouvelle dynastie.

Jusqu'à l'accession des Mérinides au pouvoir, la ville de Fès à proprement parler, qui réunissait « al Andalou » et « al Karaouiyne », était ce qu'on appelle aujourd'hui Fès-el Bali (Fès l'ancienne) : la médina à l'intérieur des murs almohades. Avec la venue

La médersa Sahrije est une expression somptueuse des arts décoratifs de la période mérinide. Le bassin crée un intéressant effet optique.

La médersa Seffarine fut le premier collège construit en 1280 au Maroc par les Mérinides.

supplémentaire de centaines de familles mérinides, la ville se trouva surpeuplée. Les Mérinides édifièrent donc Fès-Jdid – ou la nouvelle Fès – pour loger le sultan et sa suite, ainsi que l'armée et l'administration.

Deux portes du XIVe siècle conduisent dans Fès-Jdid : Bab Dekakène – bâtie dans le style d'une forteresse solide, elle donnait accès au palais royal – et Bab Smarine, encore plus imposante, située à côté du *mellah*.

Le concept de *mellah*, ou quartier juif, semble dater de cette époque. Lorsque les Mérinides commencèrent à construire des médersas dans le voisinage de la mosquée Karaouiyne, ils déplacèrent les Juifs et les logèrent dans le quartier appelé le *mellah*. Cette mesure était sensée les protéger des tracasseries, mais le but était aussi, sans doute, de parvenir à leur appliquer un système d'imposition plus rigoureux. Quoi qu'il en soit, beaucoup d'entre eux, très attachés à leurs maisons, préférèrent se convertir à l'Islam, pour éviter de devoir les quitter.

La plus grande création des Mérinides fut celle des médersas. L'ouverture de ces dortoirs pour loger les étudiants en études coraniques constitue peut-être le premier système de bourse. En prenant en charge l'hébergement (le pain et l'eau étaient déjà gratuits), les Mérinides rendirent plus facile l'accès à l'enseignement supérieur. Ils construisirent la plupart des édifices de ce type à Fès et beaucoup d'autres à travers le Maroc. La plus ancienne est la médersa Seffarine, construite en 1280 par le sultan Youssef (1258-1288), elle pouvait abriter trente étudiants.

Cependant, ces institutions étaient beaucoup plus que des dortoirs. Elles représentaient la plus haute expression de l'art mérinide et, comme telles, des monuments à la gloire d'Allah. La médersa Bou Inania est l'une des plus belles réalisations humaines du Maroc ; elle a été réalisée sous le règne du sultan Abou Inan (1351-1358).

Construite en 1325 par le sultan Uthman, la médersa Attarine, dont la riche décoration se combine à un pavement de carreaux vernissés, est l'un des plus beaux legs hérités de l'âge d'or des arts décoratifs, à Fès.

La médersa Bou Inania

C'est une large cour carrée amarrée à une simple fontaine ronde à ablutions où les croyants se purifient, avant d'entrer dans l'oratoire adjacent. Le soubassement des murs de la porte d'entrée est fait des traditionnels carreaux andalous noirs, verts, bruns et bleu clair. Ils forment un entrelacs de dessins octogonaux et circulaires. La partie supérieure de cette mosaïque est couronnée par des inscriptions coufiques (ancienne écriture arabe) et est surmontée par un stucage subtil en forme de rayons de miel. Les grandes portes en cèdre sont entourées d'inscriptions gravées.

Le trait de chacun des ornements est léger et gracieux, comme s'il avait été dessiné avec un pinceau fin. Le stucage est si délicat qu'il suggère la broderie.

A la fontaine circulaire, on doit le doux murmure de l'eau courante (qui provient de l'oued Fès) ; les carreaux de marbre lisse de la cour conservent la fraîcheur, même à midi. Les couleurs sont douces, et parfaitement harmonisées : c'est un plaisant mélange de bruns et de crème qui reflètent les teintes propres à la cité. C'est un refuge aussi spectaculaire que calme à l'abri de l'agitation de la médina – un endroit pour se reposer, étudier, prier et contempler la richesse des arts mérinides.

Juste en face de la médersa, sur le haut d'une façade se trouve la *magana*, une horloge à eau de l'époque mérinide, dont le mécanisme est rare. Assemblée en 1355, sur les ordres du sultan Abou Inan, elle semble avoir été utilisée pour indiquer l'heure de la prière. Sans qu'on puisse l'assurer, on pense que les treize boules de cuivre (dont sept subsistent encore) étaient levées et abaissées par un système de pesanteur entraîné par l'eau.

Il y a au moins une médersa capable de rivaliser avec Bou Inania pour la

Commencée par le sultan Abou Inan en 1355, la médersa Bou Inania est le couronnement de l'action menée par les Mérinides pour doter les principales cités de l'empire de telles institutions. Elle se distingue par un effet magique d'équilibre et d'harmonie résultant de l'association des carreaux de faïence à l'andalouse, des stucages en forme de stalactites appelés muqarnas, de l'écriture coufique tracée en noir et des moucharabiehs en cèdre.

qualité artistique : la médersa Attarine, elle est plus petite et se serre autour d'une fontaine en marbre ; la sensation est celle de la densité de la décoration exubérante. Les carreaux géométriques traditionnels cèdent la place à un luxuriant stucage de couleur beige, suspendu au-dessus de la porte comme un nid d'abeilles ouvert. Les voûtes de cèdre sculpté sont supportées aux angles par des colonnes de marbre.

L'amour des Mérinides pour la beauté n'était pas limité par des considérations financières. On dit que les sculpteurs sur stuc et sur bois qui ont exercé leurs talents dans les médersas et les mosquées étaient des célébrités qui vivaient à la cour où ils étaient traités comme des invités. Des musiciens leur jouaient des sérénades pendant qu'ils travaillaient et ils étaient payés par un poids d'or égal à la poussière de plâtre ou aux copeaux qui tombaient de leurs ciseaux.

Les Mérinides apportèrent à Fès tout leur sens de la magnificence. Ayant redécouvert la tombe de Moulay Idriss II, ils la restaurèrent et l'embellirent. Outre les médersas, ils construisirent aussi des fontaines, un grand nombre de maisons et beaucoup de palais (qui, malheureusement, furent détruits par des successeurs jaloux). Pour se faire une idée du style somptueux de ces palais, il faut voir l'Alhambra de Grenade qui est dû aux Nasrides... Ceux-ci puisaient aux mêmes sources d'inspiration que les Mérinides dont ils étaient les contemporains.

Le mausolée de Moulay Idriss II, redécouvert et restauré sous le règne des Mérinides, est l'un des lieux les plus sacrés du pays. A son importance comme lieu de pèlerinage religieux s'ajoute le fait qu'il a aussi servi de refuge et de centre de ralliement dans la lutte pour forger l'unité tribale. En temps de troubles, il jouissait du droit de « horm » qui permettait d'en faire un refuge sacré en en interdisant l'accès par les rues environnantes.

Au milieu du XIVᵉ siècle, Fès était le centre religieux, social et commercial du Maghreb, l'artisanat était florissant ; il employait des dizaines de milliers de tisserands, charpentiers, maroquiniers, teinturiers et ferronniers. C'est de cette époque que datent les différentes corporations d'artisans, ou guildes, que l'on trouve encore, aujourd'hui. La classe des marchands qui se développa autour de ces industries commença à avoir un pouvoir significatif à Fès. Plus de quatre cents fondouks servaient d'hôtels aux marchands de passage.

Beaucoup d'érudits résidaient à Fès et conduisaient souvent des débats doctrinaux, en présence du sultan. Ibn Khaldoun, l'un des grands historiens médiévaux, y écrivit son *Histoire des dynasties berbères et musulmanes d'Afrique septentionale*. Il développa une théorie de la montée et de la chute cycliques des dynasties qui prévoit avec justesse le déclin des Mérinides.

Les derniers laissèrent également leur empreinte sur le savoir-vivre et la vie sociale. Ainsi, la manière fort élaborée dont on doit s'enquérir de la santé et de la prospérité de la famille, lorsqu'on rencontre un ami, dans la rue, est une convention qui survit depuis l'époque mérinide.

On vient de tout le pays à la zaouïa de Moulay Idriss II, le fondateur de Fès, pour offrir des aumônes et recevoir des bénédictions.

Le déclin des Mérinides

Les Mérinides, après qu'ils se soient assurés du Maroc en 1269, ne parurent pas avoir le désir ni l'énergie qui avaient habité leurs prédécesseurs attachés à conquérir et à asseoir leur pouvoir sur un territoire nouveau. Ils préférèrent la quête de l'art et de la beauté à Fès.

Mais la reconquête chrétienne, une fois réalisée en Espagne (la « Reconquista »), commença à apparaître comme une menace imminente en Afrique du Nord. Les Mérinides essayèrent alors de forger un solide empire trans-maghrébin capable de repousser l'expansion chrétienne. Ils annexèrent l'Algérie en 1337, sous le commandement du sultan Abou el Hassan (1331-1351) et firent une incursion en Tunisie. A l'apogée territoriale de l'Empire, les Mérinides contrôlaient tout le Maroc actuel, au nord de Laâyoune, et le Maghreb à l'ouest de Kairouan, en Tunisie.

Cependant, ils firent plusieurs incursions infructueuses en Espagne et subirent l'humiliation de devoir évacuer Algésiras, en mars 1344, sous la pression d'une force d'élite composée de Castillans, d'Anglais, de Français et d'Italiens (Gibraltar, seule, resta entre les mains des Mérinides). Les pirates chrétiens, basés à Barcelone et Valence, causèrent de grands dommages au commerce mérinide.

La nécropole de la dynastie mérinide, celle qui a le plus marqué Fès, n'est plus que ruines sur les hauteurs qui dominent la cité.

Les Wattassides

Après l'assassinat du sultan Abou Inan, le protecteur de la médersa Bou Inania (il fut étranglé par son vizir, en 1358), la fortune des Mérinides amorça un déclin précipité qui ouvrit la porte à une implantation portugaise sur la côte du Maroc.

Les Wattassides, cousins des Mérinides, entrèrent alors en scène. Occupant déjà des postes importants dans l'administration mérinide, ils prirent le pouvoir pendant la période troublée qui suivit le meurtre d'Abou Inan. Les divers cousins se battirent pour conquérir la suprématie à Fès, et les Wattassides réussirent finalement à s'imposer. Ils sont surtout connus, et peu aimés, pour avoir laissé les Portugais s'emparer d'Asilah, de Tanger, Larache, Safi, Agadir, Azemmour, Mogador (Essaouira) et Mazagan (El Jadida). La reconquête chrétienne de l'Espagne gagna aussi du terrain de manière dramatique sous leur règne. Bientôt, tout ce qui resta de l'Espagne musulmane fut l'enclave de Grenade qui résista, puis tomba à son tour, en 1492.

Derrière Fès-Jdid et ses murs du XIVe siècle, les façades d'une ville encore plus nouvelle, celle du XXe siècle.

Bab Chorfa conduit dans Fès-Jdid, ou « Fès la nouvelle ». Cette partie de la ville fut aménagée au XIVe siècle, lorsque les Mérinides firent édifier un nouvel ensemble de palais et de bâtiments administratifs au-delà de la médina surpeuplée de Fès-el Bali, ou « Fès l'ancienne ».

Le peuple de Fès manifesta sa déception à l'égard des Mérinides et des Wattassides par de nombreuses rébellions. En 1465, un soulèvement fut conduit par le cheikh de la mosquée Karaouiyne, en l'absence du sultan. Grâce à une révolte déclenchée par un appel à la résistance contre l'impôt, un *chérif* idrisside parvint finalement à prendre le pouvoir. Pendant douze ans, les Wattassides furent incapables de reconquérir la cité.

Les cheikhs et chorfas soufis, dont l'influence grandissait, commencèrent à appeler à l'expulsion des Portugais ou au remplacement des Wattassides, incapables de remplir leur tâche.

La désillusion produite par ces derniers poussa beaucoup de Marocains à porter leur attention ailleurs – vers le sud – où les Saadiens étaient en train de s'emparer du pouvoir : ceux-ci proclamaient leur désir d'éloigner la menace étrangère.

Les Saadiens

Les Saadiens venaient de la vallée du Drâa. Leur éloquence porta bientôt ses fruits. Ils reprirent Agadir aux Portugais et firent pression pour l'évacuation de Safi et d'Azemmour.

Ils obligèrent bientôt les Wattassides à reconnaître le pouvoir saadien, au sud de la plaine de Tadla. Cet accord fut de courte durée et, en 1545, les Saadiens étaient aux portes de Fès.

Au XVIe siècle, les Saadiens firent construire les imposants « borj » nord et sud : grâce à leur vue dominante sur la ville, ils en permettaient la surveillance. Même après que les fonctions et services impériaux eussent été transférés dans une autre cité, Fès resta l'articulation vitale de l'empire.

Quatre ans plus tard, ils tenaient solidement la cité, au sein de leur empire en développement. Mohammed ech Cheikhi (1554-1557), le premier sultan saadien, s'allia avec les Espagnols dans l'espoir de contenir la poussée des Turcs ottomans ; mais il n'y parvint pas.

Des agents turcs, qui s'étaient fait passer pour des déserteurs, décapitèrent le gouverneur saadien et emportèrent sa tête jusqu'à la garnison ottomane d'Alger.

Cependant les Turcs ottomans ne réalisèrent jamais leur ambition de parvenir jusqu'à la mer. Et pendant le règne (1576-1578) d'Abd el Malik, les Portugais furent écrasés à la Bataille des Trois Rois. Ainsi se trouvait supprimé l'un des derniers vestiges de la présence chrétienne importune.

Après qu'Abd el Malik eût conquis Fès, à l'aide de mercenaires turcs, il entreprit de consolider les fortifications de la cité, tâche qui fut poursuivie par son successeur, Ahmed el Mansour, appelé aussi « ed Dahabi » ou « le Doré » (1578-1603).

Les « borj » nord et sud

Les Saadiens firent construire deux forteresses de style portugais, au-delà des murs. Le borj nord est un édifice imposant construit sur les hauteurs : il domine et commande la ville. Le borj sud est une autre forteresse, au sud des murs, non loin de Bab Ftouh.

Chaque dynastie entretenait une garnison chargée de surveiller la population rétive, notamment les Saadiens qui édifièrent au XVIe siècle le borj sud, de style portugais.

L'Empire saadien, à la fin du XVIe siècle, couvrait une vaste superficie : il comprenait l'ensemble du Maroc actuel, plus la majeure partie de la Mauritanie, du Mali et de l'Algérie. Ahmed el Mansour envoya des expéditions qui entraînèrent des milliers d'hommes, dans la région du fleuve Niger, à la recherche de l'or.

Grandement enrichi par l'échange du sel, extrait des mines de l'Atlas, contre de l'or – la valeur des deux produits était alors égale – Ahmed el Mansour fit édifier à Marrakech de grands palais d'agrément et entreprendre le pavillon de la mosquée Karaouiyne, dans le riche style saadien. Son sol est composé de carreaux noirs et blancs ; il se déploie autour d'une fontaine aux ablutions en forme de coquille. Les arcs d'entrée avaient été ornés d'un stucage et d'une mosaïque, presque capables de rivaliser avec ceux des tombeaux saadiens à Marrakech.

Une part importante du cuir marocain est produite dans le quartier des tanneurs à Fès. Le procédé manuel de traitement et de teinture du cuir, qui a fait ses preuves au fil du temps, aboutit à la production d'une matière mondialement renommée utilisée dans la confection de reliures de livres de grande qualité, aussi bien que dans celle de vestes ou de bagages.

L'afflux d'or eut des conséquences opposées. Pendant qu'il portait la vie culturelle de la cour marocaine à un nouveau sommet – permettant de ce fait aux Saadiens d'atteindre un raffinement dont le peuple de Fès pensait originellement qu'il leur manquait –, il se peut aussi qu'il ait distrait le sultan de ses devoirs d'administrateur. Finalement, la désillusion des Fassis était complète, à la fin de la vie du sultan. Sa mort, en 1603, marqua le terme de la désintégration de l'Empire saadien.

Alors que cette dynastie entrait dans la dernière phase de sa déchéance, la tribu Dalaiyya, qui venait du Moyen-Atlas, soutenait un siège de six mois devant Fès, où elle réussit finalement à entrer, en 1641. Elle ne tenait cependant Fès que d'une manière précaire. Deux soulèvements de grande ampleur et deux révoltes moins importantes qui se produisirent dans les deux Fès, l'ancienne et la nouvelle, témoignèrent de la résistance des Fassis au pouvoir des Dalaiyya.

Dans l'encadrement de Bab Bou-Jeloud, porte située à l'entrée de la médina et que l'on distingue également sur la vue aérienne ci-contre, se découpent les minarets de la médersa Bou Inania et de la mosquée Sidi Lazaz. Construite dans le style traditionnel sous les Alaouites, c'est la plus récente des portes de la ville : elle a été terminée en 1913.

السراجين
KISSARIAT

Les Alaouites

La période suivante commença par un événement remarquable. Lorsque les chorfas alaouites s'approchèrent de la ville, les Fassis ouvrirent les portes et les invitèrent à prendre le pouvoir. La plupart des dynasties précédentes étaient entrées à Fès et s'étaient assurées la prééminence sur le Maroc à la force de l'épée : seuls les Alaouites, la dynastie qui gouverne encore le pays, accédèrent au pouvoir sans effusion de sang.

Il est certain que la filiation des Alaouites avec le Prophète (ces derniers avaient émigré d'Arabie au XIIe siècle et s'étaient installés dans la région de Tafilalt dans l'Est du Maroc) fut pour beaucoup dans l'élévation de Moulay Rachid (1664-1672) à la dignité de sultan. De plus, la période troublée qui avait suivi le déclin des Saadiens poussa le peuple de Fès à souhaiter la venue d'une force stabilisatrice : c'est ce rôle que Moulay Rachid remplit.

En deux ans, il était parvenu à repousser la tribu Dalaiyya de Fès et avait pris Marrakech. Il rétablit l'appel à la prière (qui avait été suspendu pendant l'occupation par les Dalaiyya) et l'orthodoxie religieuse en général. Il fit bâtir la médersa Cherratine – c'est la

Ci-contre et double page suivante :

Depuis Youssef ben Tachfin, les monarques se sont attachés à la construction de fontaines monumentales, attestant de l'habileté des artisans de Fès dans la réalisation de stucages et de carreaux de faïence.

plus grande de Fès et, par son style, une variation alaouite sur un thème mérinide.

La Kasba des Cherrarda, juste en dehors de Fès-Jdid, a été construite pour servir de poste de garde fortifié. De là, les nouveaux gouvernants pouvaient surveiller Fès-Jdid. La porte monumentale est significative du goût de Moulay Rachid pour les fortifications imposantes. Aujourd'hui, un hôpital est installé à l'intérieur des murs de la Kasba et prend en charge les malades de Fès.

La place Nejjarine

Les Alaouites firent aussi construire le *fondouk* Nejjarine, sur la place du même nom. Bâti au XVIIe siècle, donc, c'est l'un des plus beaux et des plus accueillants. A partir d'un simple arc en fer à cheval, la porte d'entrée s'épanouit en une riche décoration d'inscriptions arabes, contenues dans des formes rectangulaires, pour finir par une boiserie de cèdre travaillé. La magnifique fontaine qui se trouve juste à côté, avec ses mosaïques complexes et ses sculptures sur bois, qui font écho au dessin de la porte du *fondouk*, a été construite à la même époque.

Sur la place Nejjarine, cette fontaine du XVIIe siècle est une représentation miniature des portes du fondouk du même nom qui se trouve juste derrière.

Le successeur de Moulay Rachid, Moulay Ismaïl (1672-1727), perçut Fès comme tout à la fois surpeuplée et pleine d'intrigues. Il déplaça la capitale à Meknès, où il avait la place de construire ses vastes palais et écuries. Il constitua aussi une force militaire autonome, l'Abid, une armée de légionnaires noirs qui lui permit d'avoir moins à compter avec la coopération de Fès. Les gouverneurs royaux dirigèrent la cité en son absence.

Sa méfiance vis-à-vis de Fès le conduisit à faire supporter à la ville des impôts tellement élevés que beaucoup de familles abandonnèrent la cité et préférèrent partir vers le *bled es siba*, la région qui échappait au contrôle gouvernemental. La suprématie politique et culturelle de Fès déclinait alors que Meknès devenait le centre du pouvoir comme de l'art, les sculpteurs sur stuc et sur bois y furent envoyés pour réaliser les palais grandioses de Moulay Ismaïl.

Pendant les décennies désastreuses qui suivirent la mort de ce dernier, Fès était à la merci de l'Abid. En l'absence d'un gouvernement fort capable de tenir cette garde en échec, cette dernière se transforma en force autonome qui agissait pour ses propres fins et se consacrait à la recherche de son seul enrichissement.

Muhammad ben Abdallah (1757-1790) donna au Maroc trente ans de paix relative, période qui coïncida avec le déclin de l'Abid. Ce sultan réhabilita l'étude de la loi et de la théologie musulmanes et fit édifier deux nouvelles médersas à Fès.

La mort de Muhammad ben Abdallah fut suivie d'un siècle de luttes. C'est seulement avec l'arrivée de Moulay Hassan (1873-1892) devant les portes de Fès que la cité retrouva un semblant de paix et de prospérité. Lorsque sa première tentative d'y pénétrer rencontra une résistance, il sut, avec sagesse, ne pas faire feu sur la cité, craignant d'endommager la *zaouïa* de Moulay Idriss. C'est pacifi-

Le fondouk Nejjarine, édifié au XVIIe siècle, abritait les marchands itinérants et leurs bêtes de somme. Au XIIIe siècle déjà, Fès comptait 467 fondouks.

quement que les Fassis furent persuadés de le laisser entrer dans leur ville.

Moulay Hassan chercha à réunir Fès-el Bali (l'ancienne Fès) et Fès-Jdid (la neuve) : il fit réaliser un palais bâti à cheval sur les deux parties de la ville, souvent en lutte. Aujourd'hui, ce palais est devenu le Musée Dar Batha qui contient une belle collection d'artisanat marocain, en particulier d'armes décorées. Le palais lui-même est aussi intéressant que son contenu : il présente des plafonds et des portes richement peints, ainsi que d'autres œuvres d'art traditionnel.

Le palais royal fut également édifié à cette époque (1880) sur des fondations de l'époque mérinide. Les sept portes de bronze et les délicates décorations de stuc (restaurées récemment) constituent le testament des arts traditionnels de Fès, provisoirement réactivés.

Le traité de Fès

La phase suivante de l'histoire du Maroc débuta dans cette cité avec la signature du traité de Fès, en 1912. Pour éviter l'intervention des grandes puissances européennes qui exerçaient une menace latente sur Agadir et Fès, le sultan Moulay Hafid (1908-1912) fut relevé de ses fonctions (il abdiquera quatre mois plus tard), et les Français établirent leur protectorat.

Alors que ces derniers commençaient la construction d'une nouvelle ville, en dehors des murs de la cité ancienne, le mouvement d'indépendance prenait de la force dans les rues et mosquées de Fès-el Bali et Fès-Jdid. Le peuple de cette ville resta à l'avant-garde du mouvement jusqu'à son succès en 1956.

Les portes en bronze de la résidence royale conduisent à un ensemble complexe de palais, dont certains datent du XIIe siècle. L'un d'entre eux, de la fin du XIXe siècle, sert de résidence à la famille royale lorsqu'elle visite Fès.

Fès aujourd'hui

Fès est un grand musée vivant de l'ensemble du dernier millénaire. Une ville tout à la fois moderne et médiévale. Des monuments du XIVe siècle sont blottis contre des cafés élégants où de jeunes étudiants regardent à la télévision un match de football entre Casablanca et une équipe d'Afrique de l'Ouest. La *zaouïa* de Moulay Idriss II est aussi populaire – peut-être plus, même – que dans les années qui ont suivi la mort du sultan.

C'est encore un centre d'enseignement important qui attire les étudiants marocains et de toute l'Afrique du Nord, bien qu'ils n'étudient plus aujourd'hui dans la mosquée Karaouiyne elle-même, pas plus qu'ils ne logent dans les médersas (ils habitent maintenant des résidences dans la ville neuve).

Certaines choses résistent fort heureusement au changement. Les voitures sont encore interdites dans les rues étroites de la vieille ville et le trafic est limité aux piétons et à un moyen de transport des plus anciens : l'âne. « Balak, balak » (Attention ! je passe) crie le marchand de pots en aluminium tout en dirigeant, autant qu'il est possible, son âne très chargé à travers les venelles.

Les publicités commerciales n'ont pas non plus envahi les rues. Une communication personnelle est nécessaire, avant de faire une transaction : un verre de thé à la menthe et un minimum d'échange de plaisanteries et de demandes réciproques sur la vie de chacun : ce sont les conventions sociales qui s'imposent depuis le temps des Mérinides. Un commerçant en tapis n'achètera ses marchandises qu'à un Berbère accompagné de sa femme. Les tatouages sur le visage de cette dernière sont le signe distinctif de son village. Ils authentifient le tapis et garantissent sa valeur.

Tout l'art des maîtres de l'artisanat, les maallems, se révèle dans la décoration particulièrement soignée des lourdes portes du palais royal.

Les souks

Lorsque vous entrez par Bab (porte) Bou-Jeloud et marchez vers la gauche, en descendant le grand Tala, la vue agréable des légumes frais et bien présentés s'offre bientôt à vous. Vous pouvez sentir l'odeur des brochettes épicées, en train de cuire en plein air sur des braseros à charbon de bois, celle des olives vertes et noires dans leurs barils, des bouquets de menthe, de persil, et de nombreuses épices. Plus loin, des bouchers exposent à leurs devantures des pièces de viande fraîche.

La rue, pavée de galets, amorce une déclivité lorsqu'elle tourne vers la mosquée Karaouiyne et les souks qui l'entourent, le plus fameux de ceux-ci étant peut-être le souk Attarine, avec ses piles d'épices et d'herbes. Dans la kissaria, les marchands vendent des tissus de laine et de soie, aux couleurs éclatantes, dans une rue que son toit en paille protégeant de la chaleur et de la lumière garde fraîche et reposante pour la vue.

Peu à peu, le visiteur prend conscience du bourdonnement des activités qui l'entourent. Dans le souk Nejjarine, les menuisiers fabriquent des moucharabiehs, pareils à ceux que leurs ancêtres avaient créés pour les médersas.

Chaque corps de métier bénéficie d'une zone qui lui est propre : les tisserands, les bijoutiers, les orfèvres, les potiers, les tanneurs et les fondeurs de cuivre. Les guildes d'artisans disposent d'une organisation très élaborée. La qualité est garantie par une sorte de conseil supérieur de la profession, un

Traditionnellement, les guildes de marchands et d'artisans se regroupent dans des quartiers différents de la ville. Ainsi, les charpentiers travaillent dans le souk Nejjarine et les marchands d'herbes et d'épices s'assemblent dans le souk Attarine. Le souk Seffarine, représenté ici, est réservé aux dinandiers qui peuvent satisfaire n'importe quelle commande, qu'il s'agisse d'une simple marmite domestique ou d'un chaudron pour une fête de mariage.

L'odorant souk Nejjarine, le souk des menuisiers, est célèbre dans tout le pays pour ses meubles en bois de cèdre sculptés à la main.

client (ou un concurrent qui considère qu'un marchand ou un artisan n'a pas été loyal) peut faire appel à un juge choisi au sein de la profession. C'est souvent le plus âgé des artisans, il ne travaille plus et se charge de surveiller la qualité.

On peut observer des activités particulièrement intéressantes dans le quartier des tanneurs. Ce grand ensemble de bassins de traitement et de teinture ressemble de loin à la palette d'un peintre. Chacune des cuves est remplie d'une couleur différente. Il arrive que leur association forme un dégradé : celui-ci peut aller du rouge clair au marron, teinte caractéristique du « maroquin », parfois, aussi, c'est une alliance de bruns, du chocolat au tabac.

Lorsque les peaux ont été traitées et teintées par un procédé qui a peu changé à travers les siècles, elles sont suspendues pour le séchage sur les murs blanchis à la chaux de la tannerie.

Tout près de là, les teinturiers peignent les fils de laine blanche en un bleu sombre royal. Les potiers continuent une tradition longue et illustre, lorsqu'ils façonnent la fameuse poterie locale. Sur la place Seffarine, les dinandiers martèlent à tour de bras d'énormes chaudrons de cuivre qui sont utilisés au cours des noces. Ils donnent aussi forme à des bouilloires pour le thé, des pots à eau et à toutes sortes d'ustensiles, utilisés pour la cuisine de tous les jours.

La ville s'affaire. Les commerçants disposent leurs articles, pour séduire l'œil et inciter à l'achat (soixante pour cent des activités économiques de Fès sont encore exercées dans la médina). Des jeunes femmes créent les fameux tapis de Fès sur des métiers à tisser manuels, au premier étage des maisons et dans des magasins qui servent aussi d'entrepôts. Les enfants récitent leurs leçons dans des salles de classe qui donnent directement sur la rue. Les boulangers préparent le pain du jour dans l'un des fours dont la cité a assuré la répartition.

D'après le règlement communal, chaque quartier de la cité (il y en a 187) doit être équipé d'une boulangerie, d'une fontaine, d'un *hammam* (bains publics), d'une mosquée et d'une école religieuse.

En même temps qu'elle vaque à ses tâches quotidiennes, la ville maintient le rythme pluri-centenaire de son histoire culturelle. Les modes de salutation, dont l'origine remonte à sept cents ans, survivent dans des formes à peine altérées. Les marchands de Tétouan entreposent leurs marchandises dans le *fondouk* Tsetaouine, utilisant un système établi il y a plus de mille ans.

L'appel à la prière s'adresse aux croyants : il a retenti de la même manière, presque sans interruption, depuis la fondation de la mosquée Karaouiyne, en 859. La continuité des traditions

marocaines a été remarquablement préservée. Cependant, les dangers constants de transformation, de pollution, les conséquences des besoins contemporains menacent toujours le visage de Fès.

Le vieil adage, selon lequel pour savoir où vous allez vous devez savoir d'où vous venez, fait de la préservation de cette cité un devoir qui incombe non seulement au Maroc, mais à toute l'humanité.

L'importance de cette nécessité a conduit l'UNESCO à désigner Fès comme un site d'héritage mondial, en 1976.

D'importantes restaurations ont été menées par le gouvernement marocain, depuis les premières décennies du siècle, et en particulier sous le règne de Mohammed V. En 1980, Sa Majesté le Roi Hassan II déclara :

« Le rôle historique que la ville de Fès a assumé pour consolider la civilisation marocaine et répandre les lumières de la foi et de la science, la valeur inestimable de son patrimoine artistique riche de tant de chefs-d'œuvre que le génie marocain a su produire, qu'il s'agisse de la conception architecturale et urbanistique, de la décoration des mosquées et des médersas ; des créations d'un merveilleux artisanat et de la parfaite organisation des souks, objet de la fierté de la culture arabo-islamique, nous fait une obligation de considérer que la restauration et la sauvegarde de la ville de Fès font partie des missions que Nous devons accomplir avec l'aide et l'assistance d'Allah.

La kissaria est le souk aux tissus ; l'on y trouve toutes les étoffes, du fil de soie aux vêtements et aux brocarts.

Les petites industries artisanales, comme les ateliers de tissage, de tailleurs, de poterie ou de fabrication de tarbouches (appelés également « fez »), représentent plus de 60 % de l'activité économique de Fès.

Nos ancêtres se sont préoccupés de l'édification et de la promotion de Fès. Dans le passé, Fès avait atteint l'apogée de la civilisation et était devenue un haut lieu de rencontre de tous ceux qui étaient en quête de savoir, un centre de rayonnement culturel et une source féconde de la création artistique.

Si les années ont terni quelque peu sa splendeur et si des signes de vieillissement se manifestent dans le corps de ses édifices et de ses monuments, Notre devoir aujourd'hui est de la faire revivre et de la rénover afin qu'elle retrouve ses antiques traditions. Nous devons œuvrer pour que ses fissures soient réparées et que sa vie reprenne son cours normal. Ainsi se dresseront de nouveau dans Fès les piliers de la civilisation sur lesquels une aube nouvelle de science et de sagesse répandra sa lumière.

Notre tâche devient agréable quand Nous constatons que le monde entier s'associe à notre effort en reconnaissant la cité de Fès comme un patrimoine universel. C'est ainsi que la Conférence générale de l'UNESCO, dans sa session de 1976 à Nairobi, a adopté une résolution faisant de la sauvegarde de la ville de Fès un devoir qui incombe à toute l'humanité. Il s'ensuivit l'Appel que le Directeur général de l'UNESCO, Monsieur Amadou-Mahtar M'Bow, a adressé à la communauté internationale pour la restauration et le renouveau de Fès.

A ce propos, Nous rappelons à Notre peuple et à Nos amis qu'en aidant à rendre à Fès sa place dans le concert

Certaines échoppes ressemblent à de vraies cavernes d'Ali Baba et paraissent n'avoir pas changé d'aspect depuis le moyen âge.

Brocarts et argenterie comptent parmi les articles d'artisanat les plus réputés de Fès.

des civilisations, ils participeront à la renaissance de la gloire éternelle de Notre Patrie et au développement de la culture islamique sur cette terre d'honneur et de dignité.

Aussi devons-Nous donner à Notre Gouvernement des instructions pour qu'il considère le projet de Fès comme une préoccupation prioritaire et pour qu'il accorde une attention particulière dans le cadre de ses responsabilités relatives :

– aux programmes d'équipement et de l'habitat,

– à la préservation du patrimoine culturel,

– au développement de l'art, de la culture et de la pensée,

– et à la diffusion des enseignements de l'Islam.

Le Maroc doit demeurer le pays de l'authenticité véritable, le vrai chemin qui mène à la réalisation des ambitions de notre siècle de progrès et de prospérité. »

Double page suivante :

Un spectacle son et lumière illumine les trésors de Fès.

En construisant la ville nouvelle de Fès hors les murs de Fès-el Bali et de Fès-Jdid, le premier résident général français a préservé l'ancienne médina de toute altération. C'est aujourd'hui le centre commercial moderne de la ville et de la région.

Marrakech

Vers cinq heures de l'après-midi, de toutes les parties de la ville, par les portes, Bab Doukkala et Bab Aguenaou, de la nouvelle ville et de la médina, la population de Marrakech commence son habituel pèlerinage du soir vers l'un des plus grands spectacles à ciel ouvert du monde, la place Djemaa el Fna. Les gens laissent derrière eux les soucis de la journée et entrent sur la place en forme de L pour sentir à nouveau les pulsations du cœur de Marrakech.

Djemaa el Fna

Alors que le soleil s'éteint sur les murs ocre de la cité, se couche derrière le minaret de la Koutoubia et se fond en des nuances de bleu, de jaune et de rose, la place s'éclaire de mille feux et l'activité devient plus intense. Ceux qui participent au spectacle se rassemblent autour des lanternes à gaz et de braseros sur lesquels on cuisine, plus étroitement rapprochés les uns des autres par l'obscurité.

Les conteurs se lancent dans des récits pleins de mystère et d'aventure. Contorsionnistes et acrobates, venus d'Amizmiz, tout proche, ébahissent leurs publics. Sur les tambours et les luths à quatre cordes, les musiciens se

Double page précédente :

Les montagnes de l'Atlas aux sommets enneigés dominent l'oasis de Marrakech.

Derrière les vendeurs de jus d'orange frais, c'est un véritable festival de distractions et de restauration qui se tient chaque nuit sur la place Djemaa el Fna. Bien qu'elle soit active tout au long de la journée, c'est au crépuscule que la place s'anime vraiment.

25
29
32
22

mettent à jouer plus vite. Des boxeurs évoluent au milieu d'un cercle de spectateurs. Celui qui défie le champion, pourtant habile, le surprend par de violents directs, et gagne ! Hommes jeunes et garçons testent leur force en poussant un « canon », wagonnet lourdement chargé, sur un plan incliné. Des explosions retentissantes de pétards acclament les plus forts qui réussissent à envoyer l'engin au sommet.

Des vendeurs de médicaments, d'herbes et de henné, de portraits du Roi, de pièces détachées de bicyclettes, de couvertures pour les nuits froides d'hiver et celui, même, d'une cuisinière à gaz dont tous les brûleurs flambent au vent, tous étalent leurs marchandises sur des pièces de tissu, juste étendues sur le sol. La foule des passants s'arrête un instant, pour regarder, marchander, puis acheter ou repartir. Cependant, cela ressemble moins à un lieu où l'on se retrouve pour

La grande variété des types humains que l'on peut rencontrer à Marrakech est le reflet du rôle de la ville comme carrefour de quatre cultures : berbère, arabe, africaine et européenne.

La danse des gnaouas est la spécialité des jeunes gens descendant d'anciens esclaves soudanais : ils portent des caftans et font usage de crotales, sortes de castagnettes en fer, pour marquer le rythme. C'est surtout à Marrakech, sur la place Djemaa el Fna, qu'ils se produisent.

acheter et vendre qu'à un événement de la vie sociale. Une fête pour les sens, où les yeux, les oreilles et le palais trouvent tout particulièrement leur bonheur.

Le bourdonnement de la place résulte de bruits mêlés, du crépitement des feux, de la musique des joueurs de flûte, de tambour et de luth, de mille conversations privées et de cent sollicitations à acheter ou juste regarder, faites à grands cris par les marchands. Au-dessus du murmure retentit, lancinant et beau, l'appel à la prière « Allah ou Akbar », lancé aux croyants. Les hommes prennent le chemin de la mosquée, enlevant leurs chaussures à l'entrée. A l'autre bout de la place, le minaret de la Koutoubia se trouve, en un instant, couronné de lumières.

Pour le plaisir du palais, les feux de douzaines de cuisiniers en plein air attirent les passants aux tables de ces derniers, pour du couscous, des sandwichs à la saucisse, des brochettes, des têtes de chevreau bouillies, du poisson frit, de la salade, des aubergines, du poulet, des œufs, des gâteaux, des dattes, des grenades.

Bonnets au crochet et tapis tissés à la main dans l'Atlas égayent de leurs coloris éclatants les étalages de la place Djemaa el Fna.

Sur plusieurs étalages la *harrira* se vend comme des petits pains : c'est la soupe de pois chiches qui sert à couper le jeûne quotidien, pendant le Ramadan, mais qui est aussi mangée tout au long de l'année, et de particulièrement bon appétit en hiver. Servie dans des bols en argile, avec des cuillères en bois, c'est un délicieux mélange de lentilles et de pois chiches, de riz, de tomates et d'oignons, parfumés par de la coriandre et du persil. Une rangée de vendeurs de jus d'orange offrent aux passants leurs boissons qui viennent d'être pressées. Dans les cafés qui entourent la place, des hommes jeunes boivent du thé doux à la menthe, préparé avec des feuilles fraîches, encore sur leurs fines tiges.

La place Djemaa el Fna est comme une grande salle commune où tout le monde est le bienvenu. Il y a là des gens de tous métiers et de toutes origines, des différents quartiers de la médina comme de bien au-delà des murs, des femmes berbères du Haut-Atlas, des marchands de tapis de Ouarzazate, des commerçants et des danseurs de l'Afrique de l'Ouest, des paysans des régions alentour, des résidents et des touristes du monde entier – tous se rencontrent ici, au centre de la grande oasis de Marrakech, dans l'une des assemblées les plus cosmopolites qui soit. On peut dire aussi que c'est là que Dieu rencontre ses enfants et leur sourit du haut des cieux.

Un vendeur d'eau propose un rafraîchissement à un commerçant, tandis que le conducteur d'une calèche attend sa prochaine course près de Djemaa el Fna.

Aujourd'hui, c'est le cœur de la cité, un creuset de vie, cependant, il y a quelque chose d'ironique dans cette atmosphère vibrante, si on la réfère à l'histoire de la place. La traduction de Djemaa el Fna est la mosquée (ou l'assemblée) de la mort. La place porte ce nom à cause de l'usage (interrompu en 1912) d'y exécuter les criminels et les ennemis de l'État et d'exposer là leurs têtes salées.

La fondation de Marrakech

La place a joué ce rôle de lieu de rencontre, de carrefour de peuples différents, depuis la création de la cité. Le grand sultan almoravide, Youssef ben Tachfin (1062-1107), fonda Marrakech, après un long périple à travers les montagnes de l'Atlas. Sans aucun doute, il a été attiré par ce climat chaud et sec, après avoir franchi les défilés montagneux, à marche forcée et dans le froid.

En 1062, il ordonna la construction d'une mosquée et d'une Kasba. Ceci fut à l'origine de la transformation d'un camp retranché en lieu de peuplement permanent. Il fit aussi creuser des puits et les *khettaras,* des canalisations d'eau souterraines, pour irriguer la terre sèche. Selon la légende, les noyaux de dattes jetés par les soldats des troupes du sultan prirent racine et formèrent le cœur de l'oasis initiale de Marrakech.

Les sommets enneigés du Haut Atlas dominent les murs éclaboussés de soleil du méchouar.

L'intérieur de la koubba Ba'Adiyn, construite par les Almoravides au XIe siècle et surmontée d'une coupole, est représentatif d'un style décoratif jugé trop ornementé par la dynastie suivante, celle des Almohades. C'est l'un des rares monuments de cette époque qu'ils n'aient pas détruit.

Double page précédente :

Lorsque les troupes de Youssef ben Tachfin descendirent des montagnes du Haut-Atlas, après un périple long et pénible, elles établirent un campement sur le site qui devint Marrakech. L'atmosphère limpide et sèche – beaucoup considèrent que le climat y est parfait pendant la majeure partie de l'année – a dû constituer un facteur important dans la décision prise par le sultan, en 1062, d'en faire un lieu de peuplement stable.

Les khettaras servent toujours aujourd'hui et irriguent les jardins de la cité. La vaste palmeraie, au nord de la médina, avec ses 150 000 palmiers sur 13 000 hectares, témoigne encore de la prévoyance et du sens de l'organisation urbaine de Youssef ben Tachfin.

Les Almoravides

Youssef ben Tachfin n'a pas été seulement un réalisateur de grands travaux, mais aussi l'un des premiers réformateurs importants de l'Islam. Le désir de répandre l'orthodoxie islamique a souvent constitué une motivation solide dans l'ascension d'une tribu vers la suprématie et le pouvoir.

Les Almoravides, groupe berbère sanhaja, s'étaient consacrés, pendant de nombreuses années, avant la venue de Youssef ben Tachfin, au commerce lucratif de l'or avec les tribus de la région du fleuve Niger, principalement celles de l'actuel Mali. Sijilmassa était devenu synonyme de cupidité et de vice. Les hommes buvaient du vin et avaient plus de quatre femmes. Ce qui était considéré, dans les deux cas, comme de graves péchés.

Tout changea après que Yahya ben Ibrahim, chef de la tribu Guddala, eût fait un pèlerinage à La Mecque. Il revint dans le Sud du Maroc, accompagné par un Berbère Sanhaja, Ibn Yasin. Les deux hommes commencèrent à réformer les tribus égarées du Maroc méridional.

Mais quand Yahya ben Ibrahim mourut, les Guddalas chassèrent Ibn Yasin. Ce dernier trouva refuge dans un *ribat*, sorte de retraite conventuelle

La zaouia (tombeau) de Sidi bel Abbès honore la mémoire d'un saint de l'islam marocain.

Cette vue aérienne montre la cour de la mosquée Ben Youssef, reconstruite au XIXe siècle sur les fondations d'une mosquée antérieure, ainsi que le tombeau des Almoravides (XIe siècle), la koubba Ba'Adiyin.

Double page suivante :

L'ancienne gloire du Glaoui demeure manifeste dans la kasba de Telouet, siège de la famille qui domina Marrakech et le Sud durant la première moitié du XXe siècle.

fortifiée où les guerriers islamiques pouvaient vivre et se recueillir ; il se lança dans la conduite d'une *jihad,* ou guerre sainte, contre les Sanhaja décadents.

Les partisans d'Ibn Yasin qui l'avaient accompagné dans le *ribat* se donnèrent eux-mêmes le nom de *almurabit,* mot qui devait être déformé ultérieurement par les Espagnols pour devenir « Almoravides ».

La jihad fut conduite jusqu'aux confins du Maroc, dans le nord jusqu'à Tanger et fort avant dans le Sahara de l'Ouest. Youssef ben Tachfin s'imposa comme figure militaire dominante ; au moment où il avait établi une ville à Marrakech, il avait encore suffisamment consolidé son pouvoir pour devenir le premier sultan de la dynastie almoravide.

Pendant son règne, les Almoravides repoussèrent les limites de l'Empire, au nord jusqu'à Lisbonne au Portugal et Saragosse en Espagne (la ville elle-même ne fut prise qu'après la mort du sultan), à l'est jusqu'à Alger et très avant dans les territoires de la Mauritanie et du Mali actuels. En 1086, il reprit Tolède ; quatre années plus tard, il annexa les royaumes de Grenade et Malaga. A la même époque, il rétablit son autorité sur les princes musulmans d'Espagne.

Le fondateur de la dynastie almoravide était un ascète, un homme profondément religieux. Son orthodoxie le conduisit à se tenir éloigné du faste qui accompagne le pouvoir et la richesse. On dit qu'il ne mangeait et buvait que de la viande et du lait de chameau. Ses vêtements étaient faits d'un tissu rêche, filé selon la manière la plus commune. Il n'avait ni une très grande présence physique, ni un visage remarquable : cependant, il était révéré pour sa sagesse et son courage. C'est peut-être grâce à cette simplicité de son mode de vie qu'il dépassa les cent ans.

Son successeur Ali (1107-1144) avait été élevé à Ceuta et dans le Sud de l'Espagne. Pendant la première moitié de son règne, artisans, artistes, écrivains et philosophes vinrent en grand nombre à sa cour. L'un des plus grands médecins de l'époque médiévale, Avenzoar, résidait à Marrakech. Un autre savant, Avenpace, y habitait aussi, lorsqu'il écrivit ses traités de théorie musicale qui firent autorité.

Les savants exerçaient une influence décisive, sur les affaires de la cour, surtout, mais également sur la vie de tous les jours, en particulier sur le cadre architectural de cette dernière. Les ajouts à la mosquée Karaouiyne à Fès et la construction de la grande mosquée de Tlemcen (ville située dans l'Ouest de l'Algérie d'aujourd'hui) témoignent du rayonnement andalou. Ce style andalou ou hispano-mauresque, qui se développa dans les communautés musulmanes du Sud de l'Espagne, devint la norme pour les dynasties suivantes.

Au fur et à mesure que, sous Ali, la cour commençait à s'accoutumer à sa manière de vivre fastueuse, elle s'éloignait toujours davantage des règles bédouines, strictes et ascétiques, du père d'Ali. Les femmes commencèrent à sortir dans les rues, sans voile, et la consommation de vin entra à nouveau dans les mœurs.

Cet état de choses provoqua le développement d'une nouvelle force réformatrice qui s'incarna, cette fois, dans le remarquable Ibn Tumart (?-1130), le premier sultan de la dynastie suivante.

Les Almohades

Ibn Tumart était un homme exceptionnel, quels que soient les critères adoptés. Parfait connaisseur du Coran et des principales écoles de théologie musulmane, c'était un orateur enflammé qui parcourut tout le pays, de Marrakech à Meknès, en prononçant la condamnation des Almoravides. En 1121, il débattit avec les théologiens almoravides, en présence du sultan Ali, et exposa courageusement sa doctrine radicale. Il eut même l'audace de faire tomber de son cheval la sœur du sultan, parce qu'elle montait ce dernier, sans voile, dans la rue.

Un conseiller de la cour s'aperçut qu'Ibn Tumart constituait une grave menace pour l'autorité almoravide et recommanda vivement qu'il fût mis à mort, mais le sultan Ali s'y refusa et préféra se contenter de le bannir de Marrakech. Il devait regretter cette décision. Lorsqu'il changea d'avis et envoya un ordre d'arrestation, Ibn Tumart se réfugia dans le Haut-Atlas.

Après sa fuite, Ibn Tumart reprit ses prédications auprès des Berbères, apportant le Coran à un peuple qui ne pouvait lire le manuscrit arabe. De sa base de Tin-Mal, dans le Haut-Atlas, il se consacra à la consolidation de ses nombreux partisans et reçut le titre de *Mahdi,* ou messie.

Le premier raid contre Marrakech eut lieu en 1129, pendant la dernière année de la vie d'Ibn Tumart, mais ne fut pas victorieux. Son successeur, Abd al-Mu'min (1130-1163), tira les leçons de l'échec de cet assaut prématuré contre la capitale bien fortifiée et adopta une stratégie d'attaque des parties vulnérables de l'Empire almoravide. Il s'empara, d'abord, du Haut et du Moyen-Atlas et fit ensuite pression sur les villes côtières du Nord. Plus tard, il prit Fès. Marrakech tomba en 1147, après un siège qui dura presque un an.

Avec une ferveur soutenue par l'orthodoxie islamique, les Almohades se mirent à détruire tous les vestiges de la dynastie almoravide – dans les lointaines cités du Nord comme Fès et Meknès, aussi bien qu'à Marrakech. Les palais furent rasés pour laisser la place à de nombreux monuments et bâtiments. Sur le site même de Dar el Hayar, le palais almoravide, Abd al-Mu'min fit construire la mosquée de la Koutoubia.

Aujourd'hui, les seuls vestiges architecturaux laissés par les Almoravides sont en ruine. Tout près de la mosquée de la Koutoubia, se trouvent les restes de la tombe de Youssef ben Tachfin, le fondateur de Marrakech : on dit que ce tombeau a été détruit de l'intérieur par l'esprit du sultan qui n'avait pu trouver la paix – peut-être lorsqu'il vit que tout ce que lui et sa progéniture avaient construit était anéanti et réduit en poussière. Les seuls autres bâtiments almoravides qui ont survécu à la destruction almohade sont la mosquée de Ben Youssef (reconstruite au XIXe siècle) et la Koubba Ba'Adiyn, édifice relativement grossier, couvert d'une coupole, qui fut autrefois un saint sanctuaire.

La mosquée de la Koutoubia

De très loin, le minaret de la Koutoubia se découpe au-dessus de la ligne d'horizon, pareil à une sentinelle du désert. Au cours des siècles, ce point de repère a souvent rassuré le voyageur fatigué lorsqu'il sortait du désert ou des montagnes et pénétrait dans les douceurs de la vie civilisée de Marrakech. De nos jours, le minaret est particulièrement saisissant, lorsqu'on s'approche de sa façade illuminée en arrivant du désert, par une nuit sombre.

Le minaret de la Koutoubia, haut de soixante-dix-sept mètres, est le point de repère le plus fameux de Marrakech. La mosquée contiguë s'appelle « Koutoubia », du nom des libraires (« kutubiyin ») qui y installaient leurs livres destinés aux élèves en sciences coraniques étudiant à l'intérieur de l'édifice religieux. Ce dernier, qui peut accueillir environ vingt mille fidèles, est l'un des plus vastes d'Afrique du Nord.

C'est aussi un point de repère dans l'architecture marocaine. Commencé en 1153 par le sultan Abd al-Mu'min et complété par Yacoub El Mansour, en 1190, il annonçait l'âge d'or de l'architecture almohade. Il servit de modèle, tout à la fois, à la Giralda de Séville et à la tour Hassan de Rabat.

Le minaret est haut de 77 mètres et la mosquée elle-même couvre une superficie de 5 400 mètres carrés ; elle est assez grande pour accueillir vingt mille personnes.

Traditionnellement, c'était, comme les autres grandes mosquées, à la fois un lieu de culte et une école d'études coraniques. A l'usage des étudiants, les libraires installaient leurs marchandises autour de la mosquée, c'est ainsi que cette dernière reçut le nom de Kutubiyin, ou libraires, qui fut déformé plus tard en celui de Koutoubia.

La décoration intérieure et extérieure est d'une élégance simple. C'est à dessein que les côtés bruns du minaret sont dépourvus d'ornements, à l'exception des encadrements des baies, réalisés selon différents styles de remplages (ou réseaux) : certains en forme de croissants, d'autres surmontés d'une décoration en nids d'abeilles, d'autres, enfin, triangulaires, mais la décoration de chacune des baies est différente de celle des autres. Selon la légende, les trois boules d'or qui couronnent le minaret ont été données par une épouse de Yacoub el Mansour comme pénitence pour avoir failli à l'observance de trois heures du Ramadan.

Le sultan Abd al-Mu'min, qui commença la construction de la Koutoubia, fut aussi un grand bâtisseur de murs d'enceintes et de portes. Il donna à Marrakech son entrée la plus remarquable, Bab Aguenaou, la seule du temps des Almohades à avoir subsisté jusqu'à aujourd'hui. Les arcs imbriqués – polylobés – sculptés dans la pierre brune, avec une précision extraordinaire, ressemblent à un lever de soleil qui enverrait ses rayons dans un cadre rectangulaire rempli de formes florales et d'inscriptions en caractères arabes stylisés.

La construction des premiers murs date de 1129, une mesure destinée à répondre à la première attaque almohade contre les Almoravides. Jusqu'à ce moment, Marrakech était restée une ville sans murailles et conservait donc son aspect ouvert. Après l'assaut, les Almoravides commencèrent à construire des défenses : des forts dans le Haut-Atlas et des murs autour de Marrakech. Lorsque les Almohades prirent le pouvoir, ils améliorèrent ces défenses et les dynasties suivantes soit en détruisirent certaines, soit les remanièrent ou les renforcèrent encore. Les remparts actuels, dont l'origine remonte à Yacoub el Mansour, mesurent cinq mètres de haut et deux d'épaisseur et courent sur douze kilomètres.

Le fils du sultan al-Mu'min, Youssef (1163-1184), s'intéressait essentiellement à la philosophie et aux arts qui prospérèrent pendant son règne. Deux des plus célèbres penseurs de cette époque, Ibn Rushid, connu en Europe sous le nom d'Averroes, et Abu Bakr Ibn Tufayl, sous celui d'Abubacer, réalisèrent une partie importante de leurs œuvres maîtresses grâce au mécénat de Youssef. C'est pendant cette période que le premier écrivit ses commentaires sur Aristote, universellement admirés.

L'agriculture se développait et les prix des denrées alimentaires étaient bas et stables. Un système ordonné de taxations fut établi. Le territoire fut défendu et consolidé avec succès. Le sultan Youssef conduisit trois campagnes contre des tribus rebelles du Nord du Maroc et emmena deux fois son armée en Espagne, la première pour réduire les princes musulmans insoumis et, en 1183, pour contenir la pression espagnole et portugaise sur les villes de Grenade, Séville et Malaga, tenues par les musulmans. Il mourut des blessures qu'il avait reçues alors qu'il assiégeait les Portugais à Santarem, en 1184.

Le successeur de Youssef, Yacoub el Mansour (1184-1199), a été l'un des souverains les plus marquants de l'histoire du Maroc. Grâce à la grande victoire qu'il remporta à Alancos, en 1195, il reçut le qualificatif d'« el Mansour », le conquérant.

Bien que son règne ait été marqué par un état de guerre constant, il n'était pas seulement un guerrier. Il était un grand homme d'État qui, lorsque les circonstances s'y prêtaient, préférait l'action diplomatique à une victoire obtenue à n'importe quel prix. Il était partout célèbre pour son sens de l'équité. Comme mécène, il fut le digne successeur de Youssef. Écrivains, philosophes, théologiens, peintres, tous trouvèrent auprès de lui un protecteur qui sut faire montre de générosité et d'intérêt. Son règne est généralement considéré comme un âge d'or dans l'histoire du Maroc.

Ce sultan était aussi un grand bâtisseur. Il fit terminer la Koutoubia et construire la mosquée d'El Mansour (souvent appelée la mosquée des Tombeaux saadiens, à cause de la grande proximité de ces derniers). Son minaret est un mariage habile de surfaces ocre, d'entrelacs et de tuiles colorées ; il offre un plaisant contraste avec la façade simple et blanche de la mosquée elle-même.

Construite en 1150 par le sultan Abd al-Mu'min, Bab Aguenaou était autrefois l'entrée principale du palais du sultan. Ses motifs, qui se composent d'arabesques encadrées d'écriture ancienne, portent la signature des Almohades.

D'autres grands travaux furent réalisés pendant cette période : les jardins de la Ménara et de l'Aguedal. Installé parmi les bosquets d'oliviers, le réservoir des jardins de la Ménara servait autrefois aux fêtes nautiques royales (le pittoresque pavillon actuel date du XIXe siècle).

Les cyprès, les figuiers, les pruniers, les grenadiers, les abricotiers et les orangers du jardin Aguedal sont arrosés par les conduits souterrains originellement construits par les Almoravides au XIIe siècle.

Double page suivante :

Les jardins de l'Aguedal et leur réservoir d'eau sont aujourd'hui une vaste oliveraie qui a été plantée par les Almohades au XIIe siècle.

Parmi les nombreux ouvrages publics que Yacoub el Mansour – à qui l'on doit l'achèvement de la Koutoubia – a fait édifier, figure la mosquée qui porte maintenant son nom. Construite dans les dernières années du XIIe siècle, ses murs blancs tout simples contrastent avec les carreaux vernissés et colorés autant qu'avec le remplage orné du minaret.

Les Mérinides

Après Yacoub el Mansour, une succession de sultans sans autorité signifièrent la perte des Almohades. A la même époque, la tribu des Banû Marîn (Mérinides), qui venaient de l'Est du Maroc, commençait à quitter le désert à la recherche de bons pâturages dans les plaines centrales.

En 1250, les Banû Marîn, conduits par le sultan Abou Yahya (1244-1258), s'étaient assurés de Fès ; huit ans plus tard, ils tenaient solidement Sala et Rabat. L'effondrement du pouvoir almohade, sous l'effet de conflits internes, empêcha toute réaction concertée contre la menace mérinide. Après un long siège, Marrakech tomba en septembre 1269.

Un sellier travaille dans son échoppe de la médina.

Le minaret de la mosquée Ben Salah, construite à l'époque mérinide, s'élève au-dessus des toits de la ville.

La médersa Ben Youssef

Le monument de Marrakech le plus caractéristique de la période mérinide est la vaste médersa Ben Youssef, bâtie sous le règne d'Abou el Hassan (1331-1351). Sa construction est fort analogue à celle des médersas (ou écoles et logements pour étudiants) mérinides de Fès et Meknès, mais son apparence actuelle doit beaucoup à l'importante restauration entreprise par les Saadiens, en 1565. L'emplacement lui-même date probablement du XIe siècle, époque de la construction du bassin rectangulaire destiné aux ablutions, ou d'une période plus ancienne, à condition de considérer comme un indice suffisant la vasque destinée au même usage, sculptée dans le marbre et datant du Xe siècle, qui se trouve dans le vestibule d'entrée. Jusqu'à cent étudiants qui suivaient l'enseignement coranique furent logés dans les petites chambres réparties autour de la cour ; ils assistaient aux conférences dans la mosquée Ben Youssef, adjacente. (Les étudiants furent transférés dans de nouveaux logements en 1956).

Marrakech perdit de son importance, lorsque les Mérinides trans-

Construite pendant le règne d'Abou el Hassan (1331-1351), la médersa Ben Youssef a été restaurée par les Saadiens en 1565. Plusieurs de ses éléments de décor sont caractéristiques du style saadien : ainsi le travail de carreaux vernissés appliqués sur les soubassements des murs. A l'étage supérieur, les étudiants qui suivaient l'enseignement coranique pouvaient se loger gratuitement pendant la durée du « cursus ». Ils assistaient aux cours dans la mosquée Ben Youssef toute proche.

férèrent leur capitale à Fès. Pendant que ces derniers s'inquiétaient, avant tout, de la reconquête de l'Espagne par les chrétiens et de la création de leur propre Empire trans-maghrébin, la ville de Marrakech se laissa aller à contracter des alliances avec des tribus du Haut-Atlas. Les Mérinides furent contraints d'en reprendre le contrôle, par la force, en plusieurs occasions dont, une fois, des mains de leur propre représentant.

A la fin du règne de cette dynastie, au milieu du XVe siècle, la ville était tombée sous la domination des tribus montagnardes, notamment des Hintatas.

Les Saadiens

Il y eut un long interrègne au XVe et au début du XVIe siècle, durant lequel les Wattassides de Fès accédèrent au pouvoir. Mais ceux-ci se préoccupaient surtout du nord du pays et ne prêtèrent qu'une faible attention à ce qui se passait à Marrakech. Cette négligence leur fut fatale. Elle permit aux Portugais d'étendre leurs activités commerciales et, ce qui est plus important, de provoquer une vacance du pouvoir. Ce dernier, en fin de compte, tomba entre les mains d'une tribu de la vallée du Drâa : les Saadiens.

Une centaine étudiants coraniques pouvaient être logés dans la magnifique médersa Ben Youssef.

La majeure partie du legs saadien a été détruit par les dynasties ultérieures, mais la beauté des tombeaux saadiens était si exceptionnelle que le sultan alaouite Moulay Ismaïl les épargna. Il les fit entourer d'un mur aussi haut qu'impénétrable et les tombeaux demeurèrent cachés pendant deux cents ans, jusqu'à ce qu'une exploration aérienne révèle cette cour mystérieuse.

Ces derniers parvinrent au pouvoir en réaction à la progression de l'implantation commerciale des chrétiens (principalement des Portugais mais, également, des Espagnols et des Gênois). En tant que descendants du prophète Muhammad (Mahomet), ils bénéficiaient aussi de la filiation religieuse qui poussa les autres à les suivre. De plus, le commerce transsaharien les avait considérablement enrichis.

Ils s'emparèrent de Marrakech en 1524. Ils résistèrent à trois tentatives des Wattassides de reprendre la ville et, finalement, ces derniers transigèrent et acceptèrent de laisser les Saadiens gouverner la partie du Maroc située au sud de Tadla (où se trouve, de nos jours, Beni-Mellal).

Une rivalité au sein de la famille royale saadienne – entre les frères al Arai et Mohammed ech Cheikhi – se transforma en une guerre fratricide. Mohammed ech Cheikhi en sortit victorieux, et, en fin de compte, devint le premier sultan de la dynastie saadienne (1554-1557).

Les campagnes militaires de Mohammed ech Cheikhi aboutirent à la prise d'Agadir occupée par les Portugais, ce qui entraîna l'évacuation consécutive, par ceux-ci, d'Azemmour et de Safi. Mohammed ech Cheikhi conclut une alliance aussi brève que difficile avec les Espagnols, pour tenter de repousser les Turcs ottomans hors des frontières du Maroc, mais fut assassiné, en 1557, par des agents turcs qui s'étaient fait passer pour des déserteurs.

Durant la série des règnes de courte durée qui suivirent l'assassinat de Mohammed ech Cheikhi, les Turcs ottomans ne furent pas loin d'adjoindre le Maroc à leur empire. Abd el Malik Ier (1576-1578) parvint au pouvoir en usurpant le trône du prétendant Mohammed al Mutawakil, avec l'aide des troupes turques. Les Turcs ottomans étendirent leur influence à la cour de Malik, particulièrement au sein de l'armée. En signe de gratitude, le sultan Malik adressa des prières au sultan ottoman et prit l'habitude de s'habiller à la turque.

Le désir du prétendant de reprendre le trône qu'il avait perdu, combiné à la menace d'une annexion directe par le Turcs, fut à l'origine d'alliances incongrues et conduisit à l'une des plus fameuses batailles de l'histoire du Maroc : la Bataille des Trois Rois.

La Bataille des Trois Rois

Dépossédé de son trône, al Mutawakil sollicita l'assistance des Portugais. Le roi Sébastien, désireux de rétablir ses comptoirs sur les côtes marocaines et voyant dans l'expansion des Turcs une menace contre ses activités commerciales, accompagna le sultan déchu dans la partie nord du

Maroc avec des troupes estimées à cent vingt-cinq mille hommes. On était en 1578.

Le sultan régnant, Abd el Malik, rencontra les Portugais près de la rivière Loukus avec des forces inférieures en nombre, mais réussit cependant à les mettre en déroute. Vingt-six mille d'entre eux furent tués ou faits prisonniers. Les trois rois trouvèrent la mort dans cette bataille sanglante, d'où le nom de la « Bataille des Trois Rois ».

La victoire des musulmans sur une puissance chrétienne marqua un tournant décisif. Les autres puissances européennes considérèrent le Maroc avec plus de respect, et beaucoup d'entre elles envoyèrent des ambassadeurs et des émissaires à la cour saadienne.

La mort d'Abd el Malik plaça Ahmed el Mansour sur le trône. Durant son règne, les Saadiens augmentèrent leur richesse en envoyant des expéditions transsahariennes dans le bassin du Niger, pour y rechercher de l'or. Ces dernières devinrent incroyablement lucratives. Le commerce de l'or s'élargit à celui de l'ébène, des plumes d'autruche, des cornes de rhinocéros, et des esclaves. Les limites de l'Empire saadien s'étendirent au point d'inclure la plus grande partie de l'Ouest saharien et de descendre vers le sud jusqu'à Tombouctou. Prodigieusement enrichi par le négoce de l'or, le sultan Ahmed s'attribua de lui-même un second titre : « ed Dahabi » ou « le Doré ».

C'est durant cette période que la plupart des monuments saadiens qui ont échappé à la destruction furent construits. Bien que la capitale ait été transférée finalement de Marrakech à Fès, cette dernière ville ne fut embellie que modérément. Les cœurs des Saadiens semblaient toujours attachés à Marrakech.

De fait, les Saadiens s'étaient initialement installés à Marrakech en raison de l'hostilité manifestée par la

population de Fès qui les estimait grossiers, d'une sècheresse et d'une rudesse insupportables. Cette rivalité, sous une forme atténuée, se manifeste encore de nos jours.

Peut-être cette antipathie explique-t-elle le peu d'intérêt porté à Fès par les Saadiens. Les pavillons de la mosquée Karaouiyne furent entrepris par Ahmed, mais des dépenses beaucoup plus considérables furent engagées pour la construction de palais et de monuments, à Marrakech.

Les tombeaux saadiens

On a dit que Moulay Ismaïl s'était opposé à leur destruction en raison de l'admiration qu'il portait à leur beauté. Il rendit service à la postérité en les enfermant à l'intérieur de murailles, élevées et impénétrables. Les tombeaux demeurèrent hermétiquement enfermés et oubliés, jusqu'à ce qu'une observation aérienne, en 1916, révélât la présence d'une curieuse cour enclose de murs élevés.

Dans la chambre des Douze Colonnes, Ahmed el Mansour repose entouré de ses deux fils. Les sépultures de ses femmes et de ses autres enfants se trouvent dans une pièce adjacente. Le tombeau de Mohammed ech Cheikhi, fondateur de la dynastie, a été placé à l'extérieur de la cour, alors qu'à l'intérieur de celle-ci les fidèles serviteurs reposent sous de simples pierres tombales.

Celle-ci est maintenant remplie de chants d'oiseaux et de visiteurs émerveillés. Dans la salle des Douze Colonnes, le sultan Ahmed el Mansour (dit aussi « le Doré ») repose, au centre, sous la pierre tombale la plus grande, entourée de celles de ses héritiers mâles. Des femmes et des enfants ont leurs sépultures dans les pièces adjacentes.

Pour parvenir à la meilleure perception visuelle de cette salle principale, il est souhaitable de porter lentement le regard des pierres tombales en marbre sombre, d'abord vers les tuiles géométriques, ensuite sur le stucage en stalactites dont la forme rappelle les rayons de miel et l'apparence, l'ivoire ciselé ; enfin, de regarder les charpentes de bois de cèdre, aux détails complexes. Les colonnes de marbre supportent des voûtes décorées de filigranes de couleur crème, réhaussée de traces d'or.

Les tombeaux de Mohammed ech Cheikhi, le fondateur de la dynastie saadienne, et de la mère du sultan Ahmed sont moins sophistiqués, mais encore marqués par la richesse des détails du style saadien. A l'intérieur même de la cour, se trouvent les simples pierres tombales des fidèles serviteurs.

Commencé au XVIe siècle par Ahmed el Mansour ed Dahabi (« le Doré »), l'ensemble des trois mausolées représente l'apogée de l'art de l'époque saadienne.

Le palais d'el Badia

Bien que maintenant en ruine, le palais d'el Badia, « le palais incomparable », fut l'un des plus somptueux jamais construits. Financé par les réparations portugaises payées à la suite de leur défaite, lors de la Bataille des Trois Rois, il s'enorgueillissait de cent fontaines, construites à l'intérieur des jardins et patios. Cinquante tonnes de marbre de Carrare, ramené d'Italie, furent acquises en échange d'un poids égal de sucre pour embellir les pavillons intérieurs. Des artisans venus d'Espagne, d'Italie, et de pays aussi éloignés que les Indes créèrent un palais de caractère tout à fait mauresque.

Malheureusement, lorsque le sultan alaouite Moulay Ismaïl (1672-1727) arriva au pouvoir, il démantela une grande partie de ces œuvres d'art, les expédiant à Meknès, pour les inclure dans les nouveaux palais, et détruisit le reste. Des vestiges du vestibule de réception ont été sauvegardés, celui-ci est utilisé pour le festival folklorique qui est organisé, chaque année, au mois de juin. Des traces d'autres ouvrages d'art, en particulier le pavillon aux cinquante colonnes de marbre, témoignent de l'échelle de grandeur d'une réalisation artistique exceptionnelle.

Des cigognes nichent sur les murs du palais d'el Badia, construit au XVIe siècle grâce aux fonds récoltés après la Bataille des Trois Rois sous forme de réparations de guerre versées par les Portugais. Ce palais, dont le nom signifie « l'incomparable », était autrefois un somptueux édifice de style mauresque, dû au travail d'artisans venus d'Italie, d'Espagne et même de l'Inde. Cinquante tonnes de marbre de Carrare furent importées d'Italie, en échange d'un poids égal de sucre. Cent fontaines et bassins étaient répartis à l'intérieur de cet ensemble vaste et complexe de cours communiquant les unes avec les autres.

Les Alaouites

Après la mort d'Ahmed el Mansour, les Saadiens perdirent le contrôle de la région, l'abandonnant à l'instabilité. Bien que Mohammed assurât un ordre relatif durant presque vingt ans au milieu du XVIe siècle, les jours de gloire des Saadiens étaient vraiment terminés.

En l'absence d'une dynastie puissante capable de contrôler le pays, les habitants de Fès demandèrent aux Alaouites d'assumer le pouvoir. Moulay Rachid (1666-1672), le premier sultan alaouite, restaura l'ordre rapidement. En juin 1668, Marrakech fut reprise à la tribu des Dalaiyya. Le successeur de Moulay Rachid, le grand sultan Moulay Ismaïl (1672-1727), assura le prestige international du Maroc, tout en soumettant les factions rivales, restées encore en dissidence.

Marrakech tomba ensuite dans l'étroite dépendance de la nouvelle capitale, Meknès, remodelée par Moulay Ismaïl. A Meknès, selon la pratique habituelle des dynasties précédentes, le sultan fit démolir les palais saadiens. Le palais d'el Badia (dont il est parlé plus haut) fut pillé pour ses riches matériaux de construction et ses œuvres d'art, avant d'être complètement détruit. Les sépultures saadiennes que Moulay Ismaïl avait tenté d'ensevelir dans l'oubli, derrière de hautes murailles, au lieu de les détruire, furent sauvées.

La Ménara, ce pavillon du XIXe siècle, et le réservoir qui font maintenant partie des sites les plus célèbres de Marrakech, ont accueilli fêtes nautiques et banquets royaux.

Le palais Dar el Maghzen, devenu aujourd'hui résidence de la famille royale, dans Marrakech, échappa également en partie à la destruction. Récemment restauré, il est le reflet du riche héritage de Marrakech – une combinaison de constructions almohades, saadiennes et alaouites.

Après la mort de Moulay Ismaïl, le Maroc tomba une fois de plus dans l'instabilité. Les cinq cents fils du sultan avaient tous la baraka – ou puissance donnée par Dieu – l'aptitude à gouverner en tant que descendants du prophète Muhammad (Mahomet). Pendant qu'ils prétendaient au trône (le pouvoir réel était maintenant l'« Abid », la garde noire), le reste du pays se détachait de l'autorité centrale, qui avait été absolue durant le règne de Moulay Ismaïl. Le Haut-Atlas, en particulier, se divisa en petites principautés.

Ce n'est qu'avec l'avènement de Moulay el Hassan (1873-1874) que le Maroc fut réunifié. Marrakech regagna un peu de son importance et de son influence.

Le palais de la Bahia

Le grand vizir du sultan Moulay el Hassan, qui résidait à Marrakech, entreprit plusieurs constructions, dans le but de créer un nouvel âge d'or de l'art marocain.

Des artisans furent amenés de fort loin, de Fès même, pour faire revivre l'art de la sculpture du stuc tombé en désuétude. Les plafonds furent peints dans un mélange exquis de vert foncé et de rouge. Des jasmins et des arbres exotiques furent plantés dans les jardins et des fontaines de marbre aux eaux bouillonnantes firent des cours des lieux de repos. Les céramiques d'Andalousie furent utilisées avec profusion sur les grandes colonnades centrales au milieu des patios. Pendant la période du protectorat français, le palais abrita le résident général de France.

Ci-contre et double page suivante :

Des artisans et des peintres venus de fort loin, de Fès en particulier, découpèrent les carreaux et peignirent les plafonds de ce vaste ensemble de salles et de cours. Pendant le protectorat français, le palais de la Bahia servit de résidence officielle au résident général de France.

Le palais Dar Si Saïd

Bâti par le frère du grand vizir, Si Saïd, ce palais est un reflet du style andalou, avec sa cour centrale ornée de plantes et de fontaines. Devenu le Musée des Arts Marocains, il abrite une extraordinaire collection d'artisanat : des poteries aux pistolets, des cafetans aux tapis, des objets en cuir de Marrakech, des armes, des bijoux et une intéressante collection de portes en bois fort anciennes. La principale salle de réception, préparée comme pour une noce, s'enorgueillit d'une table en cèdre et d'un fauteuil traditionnel de mariée.

Ci-contre et double page suivante :

C'est dans l'un des salons de Dar Si Saïd que les dignitaires étaient reçus, dans un cadre révélant les splendeurs de l'époque alaouite, avec carreaux de faïence et stucages peints. Chaque portion de carreau vernissé était soigneusement coupée au burin.

Le protectorat français

Marrakech joua un rôle déterminant dans les événements qui se déroulèrent pendant le protectorat français (1912-1956), pour une bonne part parce que les chefs Glaoua du Haut-Atlas étaient parvenus, en 1910, à la destruction des autres pouvoirs régionaux. En récompense de leur coopération, le sultan Moulay Hafid (1908-1912) confia le portefeuille de ministre de la Guerre au chef Glaoui, et le gouvernement de Marrakech échut à son frère, Thami el Glaoui.

La situation dans la région fut compliquée par l'occupation de Marrakech par le chef mauritanien el Hiba en 1911. Les chefs Glaoua contribuèrent à la libération de six Français faits prisonniers au cours de l'assaut contre la ville, l'année suivante. En reconnaissance de cette assistance, ils furent installés par les Français dans le palais de la Bahia, et une large autonomie leur fut accordée sur le Sud du Maroc.

Le sultan Mohammed V (1927-1961) monta sur le trône au moment où le mouvement indépendantiste, l'Istiqlal, voyait croître sa puissance. Quand il refusa d'apposer sa signature sur les ordonnances édictées par les Français et commença ouvertement à soutenir ce mouvement, Thami el Glaoui, stimulé par l'ambition d'étendre l'influence de son clan, apporta son concours aux tentatives menées pour discréditer le sultan.

Le Guéliz, élégante ville neuve aux rues bordées d'orangers et de jacarandas, date de l'époque du premier résident général, Louis Lyautey, qui exigea que, dans les cités impériales, tous les nouveaux bâtiments soient construits en dehors des médinas.

Mais lorsque la décision prise par les Français d'exiler le sultan mit le feu aux poudres et que l'ensemble des citoyens commença à se joindre au mouvement d'indépendance, Thami el Glaoui sentit le vent tourner.

Il déclara illégitime la création d'un Conseil de la Couronne – une mesure prise par les Français, pour s'opposer à la violence croissante qui se manifestait à leur égard – et se rendit à Rabat pour joindre sa voix à l'appel lancé en faveur du retour de Mohammed V. Peu après, le Maroc acquit son indépendance. Thami el Glaoui regagna son palais de Marrakech, Dar el Glaoui, et mourut d'un cancer.

Le Guéliz - la ville moderne

L'élégante ville neuve, avec ses habitations modernes, peintes aux couleurs traditionnelles de Marrakech, date de la politique éclairée d'organisation de la ville due au premier résident général français Louis Lyautey. C'est avec sagesse que ce dernier fit construire la ville nouvelle à l'extérieur des murailles de la médina, de façon à préserver l'héritage architectural et culturel du vieux Marrakech.

Aujourd'hui, l'avenue Mohammed V constitue un axe direct du nouveau à l'ancien, joignant le centre du Marrakech moderne, place du 16 Novembre, à la mosquée de la Koutoubia du XIIe siècle et aux souks.

Le Palais des Congrès au Guéliz, tout nouvellement construit à proximité des grands hôtels.

HOTEL

Les souks et la médina

Pénétrer dans ces mystérieux et captivants labyrinthes, sous les lattis de bois qui ne laissent filtrer que de minces faisceaux de lumière solaire mêlés aux fumées des feux de bois, en quittant l'éblouissante lumière de la rue, c'est entrer dans un autre monde – dans lequel les XIIe et XXe siècles se marient harmonieusement. L'allée est fraîche, et l'on est saisi par les odeurs de cannelle et de coriandre, de menthe fraîche et d'écorces amères d'orange.

Bien que les boutiques aient débordé des souks à proprement parler et se soient répandues jusqu'à la place Djemaa el Fna, qui était plus vaste auparavant, l'entrée des souks, en particulier du souk Smarine, est une porte élégante en stuc sculpté de couleur blanche. Bien que récente, sa composition rappelle les styles des différentes dynasties qui se sont succédées dans Marrakech, en particulier celles des Almoravides et des Saadiens.

Une fois à l'intérieur, tout est clos, ce qui donne au spectacle une immédiate chaleur humaine. Il n'y a ni publicité flamboyante, ni enseigne sur les boutiques, ni vitrine, ni barrière métallique à passer pour faire une acquisition ; les marchandises sont là, pour être examinées, touchées, pour que l'on puisse s'informer et, plus certainement encore, acheter.

L'assortiment peut être vertigineux. Il y a des magasins bourrés jusqu'aux chevrons avec des babouches, des pièces de tissu pour confectionner des djellabas et des cafetans, aussi bien que les mêmes vêtements prêts à porter suspendus au plafond à des crochets ; d'autres présentent des vitrines remplies de bijoux berbères, de poignards d'ornement et de coffres coraniques. Des marchands exposent des tapis en piles, du sol jusqu'au plafond : il y en a de toutes les régions du pays,

Dans les vastes souks de Marrakech, des lattis de bois protègent la rue du soleil d'été. Ils créent un espace intérieur magique, plein de couleurs et d'activités.

Les marchés de Marrakech offrent une extraordinaire variété de produits, des babouches aux épices, des laines teintes aux poteries et des herbes médicinales traditionnelles aux condiments et aux marinades, dans une débauche de couleurs.

Glaoua, Chichaoua et Aït Ouaouzguit du Haut-Atlas, pour n'en citer que quelques-uns.

Le travail du métal ciselé atteint une haute perfection, en particulier les poignards et le fusil traditionnel appelé le *mokkhala*. Le métal est souvent incisé à l'ancienne : la pièce vierge est gravée superficiellement au burin. Laiton et cuivre travaillés se partagent l'espace dans des échoppes avec les élégants coffrets en bois de thuya d'Essaouira.

Les métiers manuels du Maroc ancien s'appliquent à répondre aux besoins de notre époque : des branches fraîches de menthe verte et des oranges aussi grosses que délicieuses voisinent avec les meilleures dattes fraîchement récoltées. Du henné dans des sacs en toile, du riz et des lentilles sont surveillés par un faucon encapuchonné. Des potiers étalent des plats ronds aux couvercles pointus : les « tajines » (ou plutôt *touajen* au pluriel), dans lesquels sont servis les ragoûts du même nom, et des bols vernissés verts, noirs et bruns.

Les herboristes traditionnels dispensent toutes sortes de remèdes qu'ils extraient de bocaux en verre, rangés autour d'eux sur des étagères – essence de gingembre pour combattre l'impuissance et la frigidité, marjolaine contre l'anxiété, pétales de roses contre la fatigue, le thym pour améliorer la circulation et des centaines d'autres poudres moulues et potions pour combattre les maladies variées qui accablent hommes et femmes.

L'assortiment des marchandises présentées est parfois vertigineux et les boutiques sont souvent remplies du sol au plafond.

Pour l'étranger, les souks donnent l'impression d'un endroit mystérieux et désordonné qui le désoriente, mais, en réalité, ils sont regroupés par corps de métiers... Les orfèvres sont rassemblés dans des espaces fermés, de même que les menuisiers, les chaudronniers et les artisans du cuir.

Le souk le plus coloré est peut-être celui des teinturiers. En fin de matinée, ceux-ci extraient leur laine des cuves rondes en pierre qui sont juste à côté de la rue et commencent à suspendre les écheveaux aux teintures brillantes sur de longues perches qui enjambent la rue jusqu'au niveau des toits. A tout moment, la laine suspendue offre ses teintes lumineuses : jaune du souci, safran, pourpre de la prune et ce rouge particulier au Maroc. C'est une soudaine orgie de couleurs encadrée par le bleu éclatant du ciel avec, en-dessous, les vieilles briques brunes des portes voûtées.

Parmi les nombreuses curiosités historiques à découvrir à l'intérieur des souks, trois remarquables fontaines : « Chrob ou Chouf », dont le nom peut se traduire par : « bois et regarde », appellation méritée, lorsqu'on admire les détails compliqués du travail du bois ; insolite fontaine « el Mouassine » qui date de 1570 : elle comporte deux parties pour les animaux et une pour les humains ; et la fontaine du XVIe siècle, Sidi el Hassan ou fontaine Ali.

Double page précédente :

A l'intérieur des souks, c'est la rue des teinturiers qui offre le spectacle le plus coloré. Suspendue sur de longues perches qui enjambent la ruelle, la laine en train de sécher éclate de couleurs chatoyantes.

Une calèche de touristes passe sous une élégante porte en direction de Djemaa el Fna, tandis que l'ombre de deux jeunes femmes se découpe sur les célèbres murs ocre de Marrakech.

Les jardins du méchouar, cour d'apparat royale avec le Haut-Atlas en arrière-plan, et la vaste palmeraie sont des exemples de la luxuriance de la végétation dans l'oasis de Marrakech.

Marrakech aujourd'hui

Les souks de Marrakech constituent le pouls commercial du centre de la ville où l'on se rend de toutes les parties de la région, des autres pays du Maghreb, de bien au-delà, au Sahara, et du monde entier, pour faire du commerce, vendre et acheter, pour admirer et pour goûter aux délices de la fameuse cité.

Elle a depuis longtemps attiré une foule internationale d'admirateurs. Winston Churchill y résida en hiver et peignit des tableaux de la ville avec pour toile de fond les montagnes du Haut-Atlas couvertes de neige. Pendant la guerre, celui-ci et le président des États-Unis, Franklin Delano Roosevelt, demeurèrent à la Villa Taylor, après la Conférence de Casablanca en 1943. Une constellation de célébrités, d'Yves Saint Laurent à Elizabeth Taylor, au lauréat du prix Nobel : Elias Canetti (qui écrivit *Les Voix de Marrakech*) ont séjourné dans la cité. Nombre d'entre eux dans le fameux hôtel La Mamounia, de réputation mondiale.

Le climat exceptionnel pendant les mois d'hiver a toujours attiré des gens riches ou célèbres venus du monde entier. Majorelle a peint Marrakech et ses environs pendant de nombreuses années et a créé les jardins qui entourent sa maison et son atelier, représentés ici.

La Mamounia est à juste titre considérée comme l'un des hôtels les plus splendides au monde ; on ne compte plus les rois, présidents, premiers ministres, stars du cinéma et autres célébrités qui y sont descendus.

Double page suivante :

Non loin de Marrakech s'élève le Palmeraie Golf Palace, oasis de golf et d'agrément.

L'hôtel La Mamounia, dont les jardins sont à juste titre renommés, a été récemment rénové.

Marrakech est un carrefour magique de gens de toutes provenances, celui de l'imaginaire et du réel, qui transmet ses prodigieuses promesses : celles des récits des Mille et Une Nuits, des conteurs à la voix rauque de la place Djemaa el Fna comme du spectacle palpitant de la fantasia ou simplement des douces couleurs de pastel de ses murailles : saumon, café, cannelle, ocre et pêche.

Marrakech a toujours été synonyme d'exotisme. Cette mystérieuse cité au pied de l'Atlas et aux portes du Sahara, où les cultures et le commerce se mêlent comme les odeurs du jasmin et du feu de bois, où les larges avenues de la ville neuve, bordées d'orangers, conduisent au labyrinthe des souks et où l'Assemblée des Morts est devenue la demeure vibrante des vivants. Dans un monde d'une homogénéité croissante, la séduction de Marrakech n'a jamais été plus puissante.

Longue vie à Marrakech !

Une chute de neige dans le Haut-Atlas tout proche. La vie continue à s'y dérouler d'une manière presque immuable depuis des siècles. Les chefs glaoua de cette région ont joué un rôle important dans les affaires politiques marocaines pendant le protectorat français.

Meknès

La plaine de Meknès est étendue et fertile, la terre noire et riche, le climat tempéré. Grâce aux rivières et aux cours d'eau qui les baignent, les champs bénéficient d'une irrigation toujours satisfaisante. Il existe sur la terre peu d'emplacements aussi favorables à l'agriculture, en particulier à la production de blé, de légumes et de raisin.

Il n'est donc pas surprenant que des tribus berbères aient choisi de s'y établir, par un processus précoce de passage d'une vie nomade à une installation sédentaire basée sur l'agriculture. Par la suite, la plaine de Meknès devint l'une des principales sources d'approvisionnement en nourriture de l'Empire romain. Au XVIIIe siècle, le grand sultan Moulay Ismaïl fit remplir de vastes greniers, dotés de magasins, de manière à mettre à la disposition de son armée, et ceci en abondance, tout ce qui était nécessaire à son entretien.

Double page précédente :

Meknès, la cité créée par le grand sultan Moulay Ismaïl, a débordé de la triple muraille construite au début du XVIIIe siècle. Située dans la riche plaine qui se trouve entre le Rif et les chaînes du Moyen-Atlas, la raison d'être de la ville est liée à l'agriculture depuis l'époque romaine.

Les ruines de Volubilis, capitale de la Mauritanie Tingitane, se trouvent à quelques kilomètres de Meknès. En 25 av. J.-C., l'empereur romain Auguste confia le royaume au remarquable roi berbère Juba II. Sous le règne de ce dernier, l'avant-poste romain jouit d'une grande prospérité, comme en témoignent les restes de plusieurs villas patriciennes.

Détruite par le même tremblement de terre qui ravagea Lisbonne en 1755, Volubilis, avec ses mosaïques, est restée oubliée jusqu'aux fouilles entreprises en 1915.

Les mosaïques, réalisées pendant l'âge d'or de la cité (Ier-IIIe siècles après J.-C.), sont probablement dues à des artisans grecs et syriens venus de Rome.

Volubilis

L'un des premiers lieux importants de peuplement dans la plaine de Meknès fut le poste colonial romain de Volubilis, à quelques kilomètres au nord de la cité actuelle de Meknès.

De nos jours, on y accède depuis Meknès à travers les oliveraies qui s'étendent sur les pentes des collines du Zerhoun. Volubilis se dresse, délaissée, au sommet d'une éminence, mais la vision qu'elle offre aux regards ne peut manquer de vous couper le souffle. La vaste plaine de Meknès s'étend au-delà des ruines, tandis que l'on aperçoit derrière, perchées sur les hauteurs, les maisons de la ville sainte de Moulay Idriss : peintes à la chaux, elles frappent par leur blancheur.

Les ruines maintenant restaurées suffisent à montrer la taille et la grandeur de la ville antique. Les contours de la basilique et du capitole dominent le site ; bien plus bas se dresse l'arc de triomphe de Caracalla : il s'ouvre vers l'ouest, mais ne conduit plus nulle part.

Les ruines de plusieurs demeures patriciennes attestent qu'une partie de la population de Volubilis vivait dans une splendeur digne de Rome. Des édifices caractéristiques de la civilisation romaine : le forum, les bains, avaient aussi été construits à Volubilis ; mais les vestiges de boulangeries, de moulins à huile, une place de marché, ainsi que de nombreuses maisons sont autant de témoignages supplémentaires. La ville est entourée par les ruines de murailles qui auraient atteint, pendant un temps, jusqu'à deux kilomètres de long. A l'extrémité nord de la ville, la porte de Tanger s'ouvre sur les collines.

Les maisons particulières et les bâtiments publics sont souvent identifiés par les élégantes mosaïques qui ont échappé à la destruction. Ainsi la maison aux travaux d'Hercule en renferme une qui est fort spectaculaire et représente des scènes du célèbre mythe. La maison d'Orphée, la maison de Vénus et la maison des Quatre Sai-

sons en abritent également de merveilleusement conservées qui furent créées probablement par des artisans grecs ou syriens, comme il était courant dans la Rome impériale. Pour toute personne intéressée par les vestiges archéologiques découverts à Volubilis, une visite du Musée des Antiquités, à Rabat, s'impose, celui-ci renfermant une excellente collection de bronzes et de statues de marbre provenant de ce site.

Juba II et les Romains

Fondée à l'origine par des tribus berbères et occupée par la suite par des commerçants carthaginois, Volubilis devient la capitale provinciale de Tingitana, moitié occidentale de la Mauritanie romaine, jusqu'à la fin du IIIe siècle après Jésus-Christ.

La basilique et le capitole dominent Volubilis, mais tous les autres éléments caractéristiques de la civilisation romaine s'y retrouvent aussi : les bains, le forum, les pressoirs à olives, les boulangeries, les marchés et l'arc de triomphe de Caracalla. Le site, qui avait été une ville de quinze mille habitants, a été abandonné par les Romains sous la pression des tribus berbères qui l'ont occupé jusqu'aux VIIIe et IXe siècles.

Le roi berbère-carthaginois Juba II fut l'un des personnages les plus extraordinaires de l'histoire de la région. Souverain lettré élevé à Rome, il épousa la fille de Cléopâtre et de Marc-Antoine et se vit confier en l'an 25 avant J.-C. par l'empereur Auguste la souveraineté sur la majeure partie de l'Afrique du Nord.

L'arc de triomphe érigé en l'an 217 à la gloire de l'empereur Caracalla témoigne de la longue présence romaine. Volubilis demeura une cité romaine et chrétienne jusqu'au VIIe siècle, époque de l'arrivée des Arabes du Moyen-Orient.

Au cours du Ier siècle avant Jésus-Christ, l'empereur Auguste confia au roi berbère Juba II les territoires du Maroc septentrional et tous ceux de l'Algérie actuelle. Tenu pour être d'origine carthaginoise, il est possible que Juba II ait été un descendant d'Hannibal. En effet, depuis des siècles, les Carthaginois commerçaient avec les habitants de la plaine de Meknès et leur influence y fut considérable, jusqu'à l'occupation romaine. Juba II épousa la fille de Marc-Antoine et de Cléopâtre, fit ses études à Rome, et a rédigé maints traités savants pendant son règne.

Il a gouverné la plus grande partie de ce que l'on nomme aujourd'hui le Maghreb d'une façon à la fois bienveillante et intelligente et fit la prospérité de Volubilis.

Dans la dernière moitié du Ier siècle après Jésus-Christ, après le meurtre du fils de Juba par Caligula, le royaume tomba sous la domination directe de Rome. Volubilis atteignit son apogée au début de ce même siècle. A cette époque, des remparts avaient été élevés autour de la ville ; c'est au cours du siècle suivant que la construction de la basilique et de l'arc de triomphe de Caracalla fut achevée.

A la fin du IIIe siècle, cédant à la pression des tribus berbères révoltées, les Romains se retirèrent de Volubilis et firent de Tanger la capitale de la province du Sud. Bien que privée de son importance politique, Volubilis demeura le centre de la culture romaine et chrétienne jusqu'à l'arrivée des Arabes, au VIIe siècle. A cette époque, le sort de la ville changea de manière radicale et dramatique.

De nos jours, bien que dépouillée d'une partie de ses pierres par Moulay Ismaïl au profit de la construction de Meknès et démolie encore davantage par le même tremblement de terre qui détruisit Lisbonne en 1755, Volubilis donne à nouveau une image fidèle de la vie quotidienne au IIIe siècle, grâce aux fouilles archéologiques et aux travaux de restauration qui ont été accom-

plis. Le site demeure un vestige quelque peu spectral du vaste Empire romain d'autrefois ; il s'y exhale l'atmosphère de mélancolie propre aux lieux jadis florissants qui ont été abandonnés depuis lors.

Moulay Idriss

La ville sainte de Moulay Idriss, distante seulement de trois kilomètres, est visible du site. Avec ses façades étonnantes de blancheur, adossées aux pentes des collines du Zerhoun, d'une couleur vert sombre, elle présente un contraste marquant avec Volubilis : elle est un symbole vivant des forces réformatrices de l'Islam qui provoquèrent, aux VIIe et VIIIe siècles, la décadence croissante et le dépeuplement de la ville antique.

Moulay Idriss (788-791) fut le premier sultan arabe du Maroc, et on le crédite d'avoir apporté l'Islam à ce royaume. Après avoir fui la persécution en Arabie, son long séjour à travers l'Égypte et le Maghreb, sous un déguisement, prit fin lorsqu'il fut reconnu comme chef par les Berbères Aourebas. Quand il révéla qu'il était un chérif, un descendant d'Ali, beau-fils du Prophète Muhammad (Mahomet), le tournant le plus significatif de l'histoire du Maroc moderne fut abordé. Les Berbères, jusqu'alors chrétiens et romanisés, se convertirent rapidement et avec enthousiasme à l'Islam. C'est à ce moment que les Idrissides fondèrent la première dynastie musulmane. Au cours des siècles qui suivirent, la nouvelle religion allait exercer sur la vie du pays

La ville a reçu son nom en mémoire de Moulay Idriss qui, fuyant les califes abbassides de Bagdad qui avaient mis sa tête à prix, trouva refuge parmi les Berbères Aourebas, dans le voisinage de Volubilis. Son arrivée au VIIIe siècle correspond à un tournant de l'histoire marocaine, avec la pénétration de l'Islam et le début de la première dynastie marocaine, celle des Idrissides.

une influence déterminante qui persiste à l'identique, de nos jours.

Bientôt Volubilis (rebaptisée Oulili) fut abandonnée, peut-être parce que la ville elle-même était trop riche en vestiges de la culture romaine. Ainsi les missionnaires de l'Islam, nouvellement arrivés, n'auraient pu tolérer les mosaïques avec leurs personnages, alors qu'ils interdisaient rigoureusement la représentation de la forme humaine.

Pour cette raison, il est donc compréhensible que les sultans idrissides aient ignoré l'existence du vieux poste colonial romain. Moulay Idriss Ier choisit sur les collines qui surplombent Volubilis le site où la ville qui porte son nom s'élève de nos jours. Alors que Moulay Idriss II fit de Fès la capitale.

Bâtie au sommet d'une hauteur, située elle-même au creux d'un plissement montagneux, la ville est constituée d'une agglomération compacte de maisons blanches reliées par des rues étroites à angles droits, comme il est courant dans les médinas marocaines. Des sommets du Zerhoun, on peut découvrir les toits aux tuiles vertes de la grande mosquée et du mausolée de Moulay Idriss. La plaine de Meknès s'étend autour de la ville sainte, elle ondule doucement dans le lointain ; on aperçoit Volubilis, sur la droite, au pied des collines.

De nos jours, le mausolée est le tombeau musulman le plus sacré du Maroc. Il est interdit aux non-musulmans de passer la nuit dans la ville. En août et en septembre, les flancs des collines environnantes sont parsemés de tentes des pèlerins qui viennent honorer Dieu au moussem de Moulay Idriss Ier (le moussem est une grande fête religieuse, populaire, qui donne lieu à des réjouissances très variées). Il est fréquent que les Marocains qui n'ont pas les moyens de devenir *hajj* (titre conféré aux musulmans ayant effectué le pèlerinage à La Mecque) accomplissent à la place le voyage jusqu'à cette sépulture sacrée.

Ce curieux minaret cylindrique date de 1939. La céramique verte reproduit des sourates du Coran.

Les maisons blanchies à la chaux de Moulay Idriss, situé à trois kilomètres seulement des ruines de Volubilis, semblent vouloir respecter une sorte de testament en témoignant de la continuité et de la pérennité de l'implantation de l'Islam au Maroc.

La fondation de Meknès

Quelques kilomètres de terres richement cultivées séparent Moulay Idriss de Meknès. Les deux villes sont liées non seulement par leur proximité, mais également par l'intérêt qui leur fut témoigné par l'un des maîtres bâtisseurs de l'histoire du Maroc, le sultan Moulay Ismaïl. Tandis qu'il édifiait des palais et des bâtiments publics d'une taille colossale et de grande allure dans la ville de Meknès toute proche, il rendit hommage à Moulay Idriss comme fondateur du Maroc islamique en restaurant son mausolée (au XVIIIe siècle).

Mais au cours du millénaire qui s'écoula entre les règnes de Moulay Idriss Ier et Moulay Ismaïl, Meknès n'était en soi qu'une cité d'importance mineure. Elle fut fondée au Xe siècle par la tribu berbère Zénète des Meknassa et fut cédée à la dynastie almoravide vers la fin du XIe siècle. C'est de Meknès, au cours du XIIe siècle, qu'Ibn Tumart, le premier sultan almohade (? - 1133), lança ses discours incendiaires contre la décadence des Almoravides. Lorsqu'il accéda au trône, il matérialisa dans l'action la violence de sa réthorique et fit détruire un grand nombre de monuments almoravides. La prise du pouvoir s'est souvent accompagnée du désir de faire disparaître tous les symboles de l'autorité précédente, maintenant évincée. Dans

Des milliers de prisonniers de guerre, de captifs chrétiens et d'esclaves furent employés à la construction des formidables défenses dont Meknès s'entoura à l'époque où elle était capitale impériale : une triple muraille d'une longueur de 25 kilomètres, vingt portes fortifiées et de nombreuses plates-formes pour les canons.

La vie s'écoule maintenant paisiblement au pied des murailles dont les abords ont été transformés en jardins.

cette logique, peu de vestiges subsistent des périodes almoravide ou almohade. Cependant, la dynastie des Mérinides, qui leur succéda, éleva plusieurs bâtiments qui existent encore : le principal d'entre eux est l'élégante médersa Bou Inania.

Les Mérinides

La médersa Bou Inania, qui fut construite en 1350 et porte le nom du sultan Abou Inan, constitue un bel exemple du style architectural mérinide. Élevée approximativement à la même époque que la médersa du même nom à Fès, capitale mérinide de cette période, elle montre combien les Mérinides plaçaient leur passion pour la beauté au-dessus de tout. De fait, la construction des médersas était une conjonction de l'art et de la philanthropie. Créées par les Mérinides et copiées par les dynasties suivantes, les médersas furent élevées pour procurer des logements gratuits aux étudiants coraniques. Il est possible de voir leurs chambres aux étages supérieurs, autour de la cour.

L'alliance des mosaïques en carreaux vernissés et des magnifiques stucages, des délicates sculptures sur bois

de cèdre, l'équilibre des couleurs, la tranquilité de la cour avec son sol de marbre lisse et son bassin rectangulaire, font de la médersa un refuge de la sérénité qui favorise la réflexion du visiteur comme de l'étudiant, sur des sujets qui transcendent la vie quotidienne.

Il existe non loin de là une autre médersa, la médersa Filada, construite par Moulay Ismaïl, mais elle ne supporte pas la comparaison avec les médersas mérinides, sans pareilles. La cour de la Grande Mosquée, dont l'accès est interdit aux non-musulmans, peut être entrevue de la médersa.

Ci-contre et double page précédente :

L'association raffinée du stuc, du cèdre sculpté, des carrelages peints et d'inscriptions coufiques témoigne du style mérinide de la médersa Bou Inania (1350), bien qu'elle fut rénovée et altérée par les dynasties successives.

Les Alaouites. Moulay Ismaïl

Bien qu'embellie par plusieurs dynasties, et principalement par les Mérinides, Meknès demeurait relativement ignorée et était dominée par Fès, la capitale régionale. Son prestige grandit lorsque Moulay Ismaïl en fut nommé gouverneur par son frère Moulay Rachid (1664-1672), le premier sultan alaouite. Lorsque Moulay Rachid ferma les yeux, Moulay Ismaïl lui succéda sur le trône. Il préféra les terres fertiles de Meknès aux rues encombrées de Fès, et décida d'en faire sa capitale.

Un tel parti résultait aussi de considérations politiques astucieuses. En ne choisissant ni Marrakech ni Fès, il écartait les deux centres traditionnels du pouvoir et évitait ainsi de donner l'impression que l'une des deux villes l'emportait dans sa faveur. Au contraire, il garnit les murailles des deux cités avec les têtes garrottées de 10 000 ennemis. Cette pratique était courante jusqu'à l'avènement de Moulay Hafid et l'arrivée des Français, en 1912. La tâche de saler les têtes avait été laissée aux Juifs ; de là l'origine du mot *mellah*, qui signifie « sel », utilisé pour désigner les ghettos juifs dans les villes marocaines. Cependant, pour rendre plus explicite son attitude à l'égard de Fès, il leva des impôts si onéreux sur la cité que celle-ci fut temporairement abandonnée par ses habitants.

Deux horloges de parquet, offertes à Moulay Ismaïl par Louis XIV en 1700, continuent à égrener les heures dans le mausolée du sultan. Pour la plupart des Marocains, le sultan est encore l'objet de vénération. Beaucoup viennent à la mosquée rendre hommage à cette figure historique entrée dans la légende.

Meknès était située au centre du pays : un facteur important pour la conduite des opérations militaires, qui étaient nombreuses. Elle commandait également les routes commerciales du Sud. De plus, la ville était plus éloignée que Fès du point de passage entre le Rif et l'Atlas par lequel les envahisseurs successifs étaient venus.

A partir de cet endroit stratégique qui lui était cher, le sultan conduisait des chevauchées pour assujettir le pays. L'unification du Maroc a toujours représenté une tâche difficile, menée à bien au prix de beaucoup de sueur et de sang. La nature du terrain et l'attachement violent des tribus berbères à leur indépendance rendaient toute incursion dans les montagnes du Rif et de l'Atlas particulièrement difficile. Le règne de la force était à l'ordre du jour, faiblesse ou hésitation ne pouvaient qu'enhardir les prétendants au trône et, finalement, menaient souvent à la dissolution du gouvernement et au chaos.

En dépit de ces difficultés, Moulay Ismaïl avait soumis la plus grande partie du Maroc dès 1686, après quatorze ans de règne. Les seules tribus qui échappaient au contrôle du sultan se trouvaient dans le Rif et dans les hauteurs de l'Atlas.

L'entrée du mausolée de Moulay Ismaïl est un résumé de plusieurs traditions artistiques par ses décorations essentiellement almohades et mérinides.

Une étoile à huit branches souligne l'emplacement d'une petite fontaine dans la salle adjacente au mausolée de Moulay Ismaïl.

Le sultan sut aussi faire face d'une façon efficace aux empiètements des puissances étrangères, principalement des chrétiens et des Turcs. En plusieurs occasions, il envoya des troupes en Algérie pour mener des expéditions punitives contre les Turcs. Ces opérations réussirent à enrayer leur pénétration au Maroc.

Les relations avec les chrétiens posaient plus de problèmes. Tandis que les échanges commerciaux avec ceux-ci s'avéraient essentiels, le sultan avait le sentiment qu'ils représentaient une plus grande menace, tout à la fois contre sa souveraineté et la foi islamique. Les Espagnols tenaient plusieurs têtes de pont commerciales, dont Ceuta et Mélilla. Les Anglais occupaient Tanger, et les Portugais Mazagan (El Jadida).

Double page suivante :

Des colonnes romaines, prélevées sur le site de Volubilis, servirent à la construction de Bab el Mansour, l'une des plus belles portes datant du règne de Moulay Ismaïl. On l'appelle aussi « porte du renégat », parce que son architecte aurait été un chrétien converti à l'Islam.

Les portes monumentales fortifiées construites par Moulay Ismaïl à la fin du XVIIe siècle furent en grande partie édifiées par des prisonniers chrétiens. Ceux qui mouraient à la tâche étaient enterrés dans les murs. Bab el Khemis, tout en étant fonctionnelle, se caractérise néanmoins par une architecture délicate agrémentée de tuiles d'Andalousie et de sculptures en arabesques.

Les « Abid » – La garde noire

Le double succès militaire et politique obtenu par Moulay Ismaïl était largement dû au recrutement et à l'entraînement d'une force de légionnaires noirs, appelée les « Abid ». Les dynasties précédentes avaient été gênées par l'inconstance des tribus et par leurs changements de loyauté. Leur sort dépendait souvent des caprices d'une ou plusieurs d'entre elles qui les avaient portées au pouvoir. La durée du règne d'un sultan tenait fréquemment à sa baraka, sa grâce, et à sa capacité de s'assurer et réunir les loyautés de plusieurs chefs de tribus. En créant l'« Abid », Moulay Ismaïl s'assura une base de pouvoir, en fait une armée privée, indépendante des tribus.

Selon des témoins oculaires, les vastes écuries adjacentes aux greniers auraient été suffisamment grandes pour abriter douze mille chevaux et mules. Fait remarquable, le vaste palais el Mansour, où vivait le harem du sultan, s'élevait au-dessus des écuries et reposait sur celles-ci.

Moulay Ismaïl conçut le héri*, les énormes greniers souterrains, pour stocker de la nourriture pour son armée. Des moulins à farine, actionnés par des chevaux, et des citernes profondes y furent également construits. Ainsi, en cas d'attaque, la puissante armée privée du sultan, composée de trente mille légionnaires noirs, aurait pu vivre en autarcie.*

Le cheval est l'objet de toutes les attentions. Leurs propriétaires rivalisent par la richesse et la beauté du harnachement de leur monture, brodé de fils d'or et d'argent, à l'occasion des fantasias et autres fêtes.

Ci-contre et double page suivante :

La fantasia est l'un des spectacles les plus palpitants auxquels on puisse assister au Maroc. Les cavaliers, lancés au galop, vident tous ensemble leur fusil – des moukkhalas *–, dans un bruit de tonnerre. Les fantasias sont un spectacle traditionnel lors des* moussems *(fêtes religieuses).*

A son apogée, l'« Abid » comptait 150 000 hommes, même si la force en état effectif de combattre ne dépassait guère 30 000 soldats, à un moment donné. Le chroniqueur de la Cour, Aboul Kasim-Ibn-Almad, aussi connu sous le nom d'Ezziani, raconte que Moulay Ismaïl, dont la mère était noire, ordonna à ses agents de rassembler tous les Noirs qui avaient fait partie de l'armée d'El Mansour, ainsi que leurs enfants. « Il envoya aussi ses représentants dans les tribus de Beni-Hasen, et dans les montagnes, pour acheter tous les Noirs qu'ils pouvaient trouver », écrit Ezziani. Ainsi on rassembla tous ceux qui se trouvaient dans quelque point du Maghreb, qu'ils soient des villes ou des campagnes, esclaves ou hommes libres. Aucun ne fut oublié.

Dans la ville de Mechra Erremel, des vêtements et des armes furent distribués aux anciens esclaves et on leur enjoignit de bâtir eux-mêmes leurs maisons et de planter des jardins. Ils ne devaient pas quitter la ville avant que leurs enfants n'aient atteint leur dixième année. A cet âge, ces derniers étaient alors amenés au sultan et formés à différents emplois. Les garçons étaient initiés à la maçonnerie, à la charpenterie et à d'autres travaux, au cours de la première année. « L'année suivante, écrit Ezzianni, on leur apprenait à mener les mulets, la troisième à faire des briques de pisé pour les constructions, la quatrième année à monter à cru les chevaux, la cinquième ils étaient formés à chevaucher en selle et à faire en même temps usage d'armes à feu. A l'âge de seize ans, les garçons devenaient des soldats. Ils étaient alors mariés à des Noires. Pendant ce temps-là, dans les palais du sultan, on avait montré à celles-ci comment faire la cuisine et laver le linge, à l'exception de celles qui étaient jolies, à qui l'on donnait une éducation musicale. Après quoi, chacune recevait une robe de mariée et une dot, et était remise à son mari. »

Grâce à ce processus bien planifié, Moulay Ismaïl fut en mesure de forger dans les « Abid » une force qualifiée et prête à la bataille. Les régiments noirs devaient leur allégance uniquement au sultan qui, non seulement les formait, mais encore les équipait et leur versait une solde. Le sultan s'était ainsi assuré d'un bras armé indépendant des tribus et dévoué à son seul trône. Les « Abid » étaient, en fait, des faiseurs de rois et, longtemps après la mort de Moulay Ismaïl, leur soutien s'est révélé indispensable aux sultans qui lui ont succédé pour conserver leur pouvoir. Pendant de longues années, les sultans dépendaient même du bon vouloir des « Abid ».

Ceux-ci étaient casernés, avec les régiments arabes, dans soixante-seize forts localisés à l'Est du Maroc et sur les contreforts des collines du Moyen-Atlas. Généralement, les régiments arabes tenaient la ligne de front. Les « Abid » étaient stationnés tout près de

Meknès, afin de pouvoir être dépêchés sur les lieux d'une rébellion interne ou pour faire face, avec la même facilité, à une menace extérieure.

Pour nourrir les « Abid » et loger ses chevaux, Moulay Ismaïl fit bâtir à Meknès des greniers et des écuries, étonnamment vastes, dont les vestiges sont encore visibles. L'entrée se fait à travers une porte étroite dans la muraille. Au-delà se trouve un entrepôt dont les dimensions atteignent une échelle inégalée dans l'Histoire. Il est éclairé par la lumière du jour, grâce à des ouvertures pratiquées dans le plafond, de manière éparse et, aujourd'hui, par des lampes, accrochées dans le haut des murs, qui diffusent de larges rayons de lumière ambrée. Les plafonds voûtés ont l'apparence d'un décor imaginaire créé par des décorateurs, pour un film de fiction, et, cependant, les salles sombres et mystérieuses sont bien réelles. Ces greniers avaient été conçus pour garder en réserve des approvisionnements destinés à ravitailler les armées de Moulay Ismaïl, dans l'éventualité d'un siège ; ils abritaient également des moulins à farine et de profondes citernes d'où l'on faisait monter l'eau, grâce à un système de pompes à chaînes (les norias) : les uns comme les autres étaient entraînés par la force des chevaux.

Le plus remarquable est peut-être encore que les magasins et les trois mille colonnes des écuries constituaient les fondations sur lesquelles reposaient les vingt-quatre pavillons du palais d'el Mansour. Celui-ci abritait un harem qui, selon des estimations, ne comptait pas moins de deux mille femmes. Aujourd'hui, rien ne subsiste du palais. Son sol, qui n'est plus que le toit des greniers, a été transformé en charmants jardins et en un café. De cette position privilégiée, on voit, en contre-bas, le bassin rectangulaire de l'Aguedal, qui constituait une réserve d'eau susceptible d'alimenter la ville, en cas de siège.

Par Bab Jama el Nouar, construite au début du XVIIIe siècle par Moulay Abdallah, l'un des fils de Moulay Ismaïl, on gagne la place Hedime.

Bab Berdaïne, qui date du XVIIIe siècle, est une de ces portes fortifiées que Moulay Ismaïl a fait édifier. C'est l'entrée nord de la médina.

L'unification du Maroc

Dès 1686, avec l'aide des « Abid » et des régiments arabes, Moulay Ismaïl était parvenu à contrôler la majeure partie du Maroc. Les frontières s'étendaient jusqu'en Algérie, à l'est, et atteignaient Tombouctou, au sud. Les tribus qui restaient insoumises se trouvaient essentiellement dans le Rif et le Haut-Atlas : elles ne constituaient pas une menace pour les principales cités du pays.

Le sultan ne chercha pas à réduire ces populations. On savait que plusieurs régions échappaient au pouvoir central ; cet état de fait donna naissance à un concept politique qui devait avoir une longue existence, celui du « bled es-siba », qu'on peut traduire par « pays de la dissidence » ou définir comme des territoires autonomes, par opposition à celui du « bled el-makhzen », ou zone sous autorité gouvernementale. L'emploi de l'un ou l'autre terme servait habituellement à désigner les aires où la perception de l'impôt était possible, par distinction avec celles où elle ne l'était pas. Ce n'est qu'en 1936, et au prix de lourdes pertes estimées à 27 000 morts et 15 000 blessés, que les Français réussirent à soumettre tous les territoires au « bled el-makhzen ». C'est dire la durée et la ténacité de cet état de fait.

Au cours de la dernière moitié du règne de Moulay Ismaïl, qui fut moins dominée par l'action militaire, les « Abid » étaient employés comme une force mobile de maintien de l'ordre. Ils réprimaient les insurrections et assuraient la sécurité dans les villes et sur les routes. Ces soldats avaient aussi pour mission de collecter les impôts que le sultan levait pour financer la construction de la Meknès impériale.

Les fontaines de la place El Hédime rafraîchissent les Meknassis arpentant la médina.

Le règne de la fermeté

Cependant, le règne de la terreur restait nécessairement à l'ordre du jour. Faiblesse ou hésitation ne pouvaient provoquer que la multiplication des exigences et, surtout, des candidatures au rôle de chef. Le résultat d'un tel manque de fermeté était l'instabilité et même le chaos, comme l'histoire du Maroc l'a montré.

C'est pourquoi Moulay Ismaïl se montra impitoyable à l'égard de ses ennemis. Lorsque les chefs Naqsis de Tétouan vinrent à Marrakech pour présenter leur soumission au sultan, ils furent ramenés dans leur ville et exécutés. La domination du sultan sur le pays était totale. Il forçait immédiatement le respect, mais celui-ci n'était pas seulement inspiré par l'admiration, mais aussi par la peur. Les gouverneurs de Fès craignaient pour leurs têtes. Risquaient-ils de passer pour incapables, ils punissaient de mort la plus légère offense. Les esclaves chrétiens qui moururent en construisant les murailles massives de Meknès y furent enterrés, sans autre cérémonie. Les criminels étaient torturés à mort, souvent en place publique.

Bab al-Mansour, probablement le chef-d'œuvre des arts décoratifs de l'époque de Moulay Ismaïl parvenus jusqu'à nous, fait face à l'animation de la place El Hédime.

Alors que certains historiens critiquent ces méthodes, d'autres reconnaissent qu'un autre mode de gouvernement aurait conduit à l'anarchie. C'est ce qui survint, en effet après la mort de Moulay Ismaïl. Michel Jobert, qui naquit près de Meknès, a proposé comme explication un dicton marocain bien connu : « Je m'oppose à mes frères ; mes frères s'opposent, avec moi, à mes cousins ; mes frères, mes cousins et moi sommes contre le monde entier. » Moulay Rachid, le premier sultan alaouite, ne parvint au pouvoir qu'après avoir défait et tué l'un de ses frères.

Il en allait ainsi au temps de Moulay Ismaïl aussi. Faire grâce à quelqu'un n'était pas toujours prudent. Il arriva, à plusieurs reprises, dans l'histoire du Maroc, qu'un ennemi vaincu reprenne le combat et triomphe. Il ne fait aucun doute que Moulay Ismaïl savait cela. La perception de la moindre faiblesse pouvait constituer une opportunité pour l'un de ses ennemis, qu'il se trouve à l'intérieur ou à l'extérieur des murs de ses palais. Il eut ainsi à faire face à une guerre civile fort longue qui l'opposait principalement à deux de ses fils. Bien d'autres encore convoitaient le trône, sans parler des projets turcs de conquête et des alliés sur lesquels ceux-ci pouvaient compter au sein des tribus marocaines.

Une cour dans le palais du vizir, construit au XIXe siècle et abritant maintenant le musée Jamaï, offre un exemple de décoration de l'époque alaouite propre à vous couper le souffle. Un nombre impressionnant de poteries anciennes, de corans et caftans sont exposés le long des couloirs et dans les diverses salles de l'ancien palais. Le jardin intérieur est rempli de chants d'oiseaux et d'arbres exotiques : orangers, palmiers, dattiers, pins et bananiers, qui forment une oasis de verdure et de tranquillité.

Cet artisan de la médina de Meknès, spécialiste du bel art du damasquinage qui doit son nom à sa ville d'origine, Damas, tout comme le fabricant de mosaïques, perpétuent une longue tradition artistique.

Incontestablement, son habileté, tant militaire que politique, suscitait le respect, sinon l'admiration, des puissances européennes dont plusieurs chefs d'État, parmi lesquels les rois d'Angleterre et de France, lui envoyèrent des émissaires, dans le but d'établir des traités d'amitié ou de non-agression.

Une force intense transparaît dans ses portraits – sa barbe brune encadre un nez long et droit, des yeux sombres et perçants. Sa main droite serre une épée levée, la gauche tient les rênes de son cheval. Il incarne la domination à l'état pur et donne l'impression d'être, du haut de sa montagne, hors d'atteinte de la flatterie ou de la mystification.

Tandis qu'il réduisait vigoureusement les factions dissidentes, ses talents d'administrateur portaient leurs fruits, pour le grand bien de la masse des habitants du Maroc. Celui-ci en tirait de grands avantages. L'autorité de la loi était renforcée et « le pays jouissait de la plus complète sécurité », à en croire l'historien Al-Nasiri. « Un juif ou une femme pouvait faire le trajet depuis Oujda jusqu'à l'oued Noun, sans que quiconque se mêle de ses affaires. » Les routes étaient débarrassées des voleurs et des vagabonds. Par surcroît, « l'abondance régnait dans les campagnes : le blé, la nourriture, le bétail pouvaient être acquis aux plus bas prix ».

Cependant, Al Nasiri écrivit aussi que le peuple marocain connut le sort des fellahs en Égypte : il fut contraint de travailler durement et de payer des contributions chaque semaine, chaque mois, chaque année. « Ces prélèvements étaient si onéreux qu'un homme qui élevait un cheval jusqu'à sa maturité, dans l'espoir de pouvoir le monter un jour, était contraint de le céder au gouverneur de la province, contre le paiement de dix mithqals d'or (la monnaie de l'époque) pour acheter la selle de l'animal dont il n'était plus propriétaire.

Les gouverneurs de provinces, ou *chorfas*, formaient une sorte de bureaucratie, même s'ils n'en avaient pas formellement le statut. Le titre de chérif est conféré aux descendants du Prophète Muhammad (Mahomet). En vertu de cette filiation, ils sont investis d'un droit spirituel d'exercer l'autorité.

Le sultan, en tant que chérif suprême, exerçait un pouvoir mystique. En vertu de celui-ci, la plus totale obéissance lui était due, ainsi qu'à son administration, la discipline étant aggravée par le bas niveau intellectuel des chorfas et des cheikhs qui appliquaient avec rigidité la loi, telle qu'elle était interprétée par le sultan et par eux-mêmes.

L'attribution d'un tel pouvoir aux chorfas provoqua un changement fondamental dans la destinée intellectuelle et politique du pays. Alors que, dans le passé, les ulémas, ou conseil religieux, façonnaient la vie sociale et intellectuelle, le peuple dépendait maintenant du sultan, en premier lieu, et de ses chorfas, en second. Les méthodes d'enseignement des soufis, basées sur la répétition stricte de pro-

Tout dans cette boutique tourne autour du cheval et de la fantasia, du fusil traditionnel (moukkhala) au harnachement en passant par les sacoches portées par les cavaliers.

grammes rigides, renforçaient l'autorité du sultan.

Pour se faire une idée du mode de vie des nobles de Meknès, il est conseillé de visiter le Musée Jamaï qui fut, au XIXe siècle, le palais d'un vizir. La cour extérieure est égayée par le chant des oiseaux, perchés dans les arbres : orangers, dattiers, pins, bananiers. Une fontaine, aux eaux bouillonnantes, procure un calme bienfaisant qui vous accompagne tout au long des allées du jardin, recouvertes de mosaïques composées de motifs verts, noirs, blancs et bruns.

Dans le grand salon, un travail de carreaux vernissés andalous occupe la partie inférieure du mur, jusqu'à environ deux mètres au-dessus du sol, alors que le haut est orné d'un stucage peint en vert clair, rouge et bleu. Audessus, le plafond voûté comporte seize caissons, colorés en rouge, jaune doré et vert. Les tons sont tous somptueux. Juste à côté de la cour délicatement décorée, le musée renferme des collections de bijoux et d'objets artisanaux, notamment des cafetans brodés, des coffrets coraniques et des poteries.

Retour à Meknès

Au temps de ses campagnes contre les tribus berbères, d'une part, et les Anglais, à Tanger, de l'autre, et alors qu'il menait la guerre sainte contre l'Espagne, le sultan rentrait souvent goûter la fraîcheur de l'air et la douceur de l'eau de sa nouvelle capitale. En 1701, vingt-sixième année de son règne, il revint une nouvelle fois à Meknès pour faire une réalité de ses pro-

La kissaria abrite les échoppes des artisans spécialisés, dont l'art remonte aux réfugiés arabes contraints de quitter l'Espagne, qui rapportèrent les techniques d'Andalousie.

N°103
دكان يونس بن
موسى يأتي جميع
العشوب والتوابل

jets de palais grandioses et de jardins immenses.

Les constructions furent réalisées sur une vaste échelle : il fit élever une triple enceinte sur 42 kilomètres, des écuries immenses pour ses chevaux de cavalerie, des greniers et des réservoirs à eau énormes, des jardins creusés à 22 mètres au-dessous du sol et cinquante palais pour y loger ses 360 épouses et ses 800 enfants.

Un « Versailles » marocain

Moulay Ismaïl concevait la nouvelle capitale, avec son ensemble de palais, comme un autre Versailles. Ceci n'est pas simplement une coïncidence historique, mais le résultat de longues et étroites relations entre le sultan et Louis XIV, qui faisait construire Versailles à la même époque.

Les monarques échangeaient fréquemment cadeaux et hommages et des ambassadeurs traitaient régulièrement les questions pressantes : rançon pour les captifs chrétiens (nombre d'entre eux travaillaient aux palais du sultan), piraterie en Méditerranée et utilisation illégale de Marocains sur les galères françaises. A l'occasion de l'une de ses rencontres, l'un des envoyés de Moulay Ismaïl transmit à Louis XIV la suggestion du sultan : que le roi se convertisse à l'Islam.

En 1680, le sultan envoya un lion, une lionne, une tigresse et quatre autruches à la Cour de France. En retour, le Roi Soleil expédia deux douzaines de montres, douze coupons de brocart broché de fils d'or, un assortiment d'armes à feu, dont un canon long de près de deux mètres.

La koubba de Sidi Aïssa, important lieu de pèlerinage, honore la mémoire du saint qui, selon la légende, transformait en or les feuilles d'arbre avant de les distribuer à ceux qui l'écoutaient.

La construction de Meknès

Pour construire son Versailles, Moulay Ismaïl ordonna aux résidents de la kasba de Meknès de démolir leurs propres maisons et d'en évacuer les déblais. « Tout l'est de la ville fut également détruit et les remparts furent réédifiés, raconte Ezziani. Il bâtit aussi la Grande Mosquée tout près du palais de Nasr… Il surveillait personnellement la construction de ses palais et pressait de faire ouvrir un nouveau chantier avant même l'achèvement de celui en cours. » Les trois murailles étaient équipées de plates-formes pour les canons et percées de vingt portes fortifiées. Ezziani nous rapporte également la construction d'un « grand lac artificiel sur lequel on pouvait voguer avec des bateaux à rames » probablement le bassin de l'Aguedal. « Il y avait aussi un grenier avec d'énormes réservoirs d'eau, souterrains, et une écurie longue de presque cinq kilomètres pour les chevaux et les mules du sultan ; elle pouvait recevoir jusqu'à 12 000 chevaux. Le dallage reposait sur des voûtes, sous lesquelles les réserves de grains pour les chevaux

Les anciens murs de Meknès serpentent à travers le tissu urbain moderne.

Page 216 :
La rue des marchands d'herbes et d'épices est des plus animées. On peut y acheter tous les ingrédients qui entrent dans la cuisine marocaine, riche et variée : de la coriandre et de la cannelle en particulier, ainsi qu'un mélange de sept épices utilisé dans la préparation de nombreux plats.

Page 217 :
Les olives, dont la culture remonte à l'époque romaine, sont maintenant un produit de base de l'alimentation marocaine. Cet étalage plein de couleurs en offre plusieurs variétés.

étaient stockées. Tout autour des écuries, des arbres des espèces les plus rares étaient plantés. » Clairement, il nous décrit le « héri », gigantesque grenier voûté, et le « roua », les vastes écuries. Une visite à l'un ou l'autre emplacement prête foi à la description stupéfiante d'Ezziani.

En outre, le sultan fit bâtir cinquante palais dont certains, comme le palais El Mansour, étaient couronnés de vingt coupoles. Chacun disposait de sa propre mosquée et de ses bains. « On n'avait jamais connu une telle chose dans aucun pays, arabe ou étranger, païen ou musulman », conclut Ezziani à juste titre.

Cinquante-cinq mille captifs chrétiens, esclaves et prisonniers de guerre étaient astreints à travailler à la construction de la Meknès impériale. Les palais élevés par les dynasties précédentes, comme le palais saadien El Badia à Marrakech, furent démantelés et beaucoup d'œuvres d'art furent emportées à Meknès pour être incorporées dans les nouveaux palais. Les pierres furent amenées de Volubilis toute proche et même d'aussi loin que Sala Colonia, le poste romain situé près de Rabat. L'une des portes monumentales, Bab Mansour, doit son apparence inhabituelle aux colonnes romaines ramenées de Volubilis. Des blocs de marbre furent importés d'Italie et troqués contre une valeur équivalente de sucre, denrée d'échange proposée par le Maroc à cette époque.

L'édification des palais était menée d'une façon frénétique et acharnée, quelquefois sous la surveillance du sultan en personne. On raconte que les distractions étaient fatales aux travailleurs, mais il y avait une exception. Le saint Sidi Muhammad ben Aïssa incitait les travailleurs à s'arrêter pour l'écouter. A l'issue de ses harangues, si l'on en croit la légende, le saint transformait les feuilles des arbres en or et en faisait la distribution parmi ses auditeurs. Sa koubba, dans la médina, est le lieu de pèlerinage des Aïssaouas.

Pendant le déclin relatif qui suivit, à Meknès, la mort de Moulay Ismaïl, quelques édifices importants furent construits. Le principal est le Dar el Makhzen, le dernier grand palais impérial qui vit le jour et qui ne fut achevé qu'à la fin du XVIIIe siècle. Récemment restauré, il sert maintenent de résidence à la famille royale quand elle séjourne à Meknès. Pour cette raison, le palais n'est pas ouvert au public.

Un autre palais, le Dar el-Beida, fut également construit à la fin du XVIIIe siècle par Muhammad Ben Abdullah (1757-1790). Le palais blanc est maintenant le siège de l'Académie Royale Militaire.

Le déclin

Dans les années qui suivirent la mort de Moulay Ismaïl, le Maroc sombra dans le désordre. Pendant trente ans, Meknès demeura la scène sur laquelle les « Abid » portèrent au pouvoir et manipulèrent à leur guise une succession de sultans. Les « Abid », en quête de leurs propres intérêts, devinrent eux-mêmes un corps indiscipliné. Entre 1727 et 1757, sept des fils de Moulay Ismaïl furent tour à tour portés au pouvoir, puis déposés. La durée de leur règne était fonction de leur capacité à satisfaire les exigences des mercenaires. Celles-ci étaient si exorbitantes qu'il paraîtrait que 80 000 personnes sont mortes à cause des détournements de ressources commis par les soldats.

En 1729, avec la désignation de Moulay Abdullah (qui régna par intermittance entre 1729 et 1757), l'influence des « Abid » commença à connaître un long déclin. Le sultan revint à l'ancienne pratique de compter sur le support de plusieurs tribus pour conserver le pouvoir. Les faiseurs de rois furent les Arabes Wadaya de Fès la Neuve, ceci marquant la réémergence de Fès comme centre politique dominant.

Moulay Abdullah transporta, peu de temps, sa capitale à Rabat, alors même que son pouvoir émanait de Fès. Malgré un règne troublé – par deux fois il fut déposé, puis remis sur le trône –, il rétablit un ordre relatif, mais ses fils ne surent pas empêcher le retour de l'instabilité : pendant un siècle, le Maroc tomba à plusieurs reprises sous le pouvoir des tribus, fut reconquis, puis perdu à nouveau.

Pour finir, les « Abid » se dissocièrent, lorsqu'ils ne parvinrent plus à trouver de ressources. A partir de 1822, un nombre de régiments noirs n'étaient plus armés que de bâtons. Amenés à abandonner leurs fortins dans le Moyen-Atlas, ils furent ramenés à l'esclavage par des tribus berbères. Le « bled el-makhzen » se réduisit à la bande occidentale du Maroc actuel, comprise entre Fès et Marrakech.

Les territoires ingouvernables, le « bled es-siba », s'étendaient du Rif, du Moyen-Atlas et du Haut-Atlas jusqu'aux oasis du Sud.

La dissolution d'un pouvoir militaire central entraînera à nouveau le Maroc dans la guerre civile. Les Berbères Sanhaja étaient dominants, mais ne parvenaient pas à imposer leur suprématie, et l'absence d'une force unifiée laissa la voie libre aux Français.

Meknès déclina encore davantage, l'orgueilleuse cité impériale d'autrefois tombait en ruine. Le pouvoir politique fut ramené à Fès et, plus tard, à Rabat, et la ville fut abandonnée à sa fonction primitive de centre agricole. Sa restauration, au XXe siècle, lui a bien restitué un peu de la splendeur de ses jours de gloire, mais les places vides où les palais se dressaient autrefois, ou qui avaient été prévues pour d'autres édifices, ne sont plus que le pâle reflet de ce qu'était la vision de Moulay Ismaïl.

Sa tombe est considérée comme l'une des sépultures les plus sacrées du Maroc. Restauré par Mohammed V et

dans sa splendeur actuelle, le mausolée est un édifice sobre et magnifique : les murs lisses, d'une blancheur éclatante, se marient harmonieusement avec les parties décorées de carreaux vernissés et de stuc. Les non-musulmans sont autorisés à visiter la tombe du sultan : ils traversent, pour entrer, une cour qui est élégante dans sa simplicité ; elle est peinte en ocre et embellie par des inscriptions arabes proclamant la gloire d'Allah.

Le mausolée constitue un ultime havre de paix pour un homme dont l'existence turbulente ne fut consacrée qu'aux conquêtes, à l'œuvre d'unification et aux constructions grandioses. Un bassin en forme d'étoile à huit branches recueille l'eau jaillissante d'une fontaine ; celle-ci offre le son reposant des sources bouillonnantes. Des colonnes de marbre soutiennent des ornements de stuc peints en blanc et les murs sont recouverts de mosaïques aux couleurs claires, les tombes, dans la chambre intérieure, sont caractéristiques des dynasties marocaines, une pierre tombale longue, basse, en forme de pyramide, couvre l'endroit ou repose le sultan.

Lorsque Edith Wharton visita Meknès en 1920, elle fut frappée par la vue de blocs de marbre et de fûts de colonnes cannelées étendus sur les côtés de la route. Quand elle demanda des explications à ce sujet, il lui fut répondu que les prisonniers et les captifs les avaient laissé tomber là où ils sont encore couchés sur le sol, lorsqu'ils avaient appris la mort du sultan en 1727. D'autres travailleurs et d'autres serviteurs, dans les palais, avaient cessé également d'accomplir leurs tâches. A l'instant même du décès de Moulay Ismaïl, le palais, la cité entière furent plongés dans le silence et la méditation sur les conséquences de cet événement.

L'imposante triple muraille défendait vingt-quatre palais et d'innombrables mosquées, ainsi que les casernes de la garde du palais.

C'était comme si toute force vitale s'était éteinte dans la ville entière. En un sens, c'était bien cela. Le destin de Meknès avait été inextricablement lié à celui de Moulay Ismaïl pendant cinquante-cinq ans et, à ce moment, l'histoire de la ville et celle du Maroc changèrent aussi sûrement qu'elles avaient changé quand le sultan avait accédé au pouvoir.

Alors que Fès et Marrakech avaient été conquises et remaniées par des dynasties successives, la Meknès impériale ne fut, en fait, véritablement, qu'une création du sultan. Il ne subsiste plus que des vestiges de ce qu'il avait conçu ; tout fut endommagé à cause de la jalousie des générations suivantes, ainsi que par les caprices de la nature, principalement par le même tremblement de terre qui détruisit Lisbonne en 1755. Pourtant, l'énorme influence de Moulay Ismaïl sur la vie politique et culturelle du Maroc moderne n'a pas sombré dans l'oubli.

Dans chaque culture mémorable se révèlent des personnages qui sont plus grands que la vie, qui s'imposent, parce qu'ils incarnent les traits admirables du courage, de la dignité et de la sagesse. Moulay Ismaïl laissera au Maroc le souvenir d'un homme avisé et d'un grand guerrier, et sa tombe est une sépulture sainte. Pour tout le pays, et pour Meknès en particulier, il restera la grande figure de l'Histoire qui est déjà entrée dans le domaine de la légende.

La situation de Meknès, au centre de la région que l'on nomme le grenier à blé marocain, en a fait, depuis l'époque romaine, un centre agricole important, principalement pour le blé, le vin et les fruits. La ville moderne s'est considérablement développée dans la première moitié du XXe siècle et il y règne une intense activité commerciale.

Meknès aujourd'hui

Meknès est devenue un important centre agricole, avec une ville nouvelle florissante et une médina active. La restauration de grande ampleur de ses monuments lui a également procuré une vocation touristique considérable.

Sa population représente bien un reflet de la société marocaine actuelle. De vieilles dames, habillées de manière traditionnelle en cafetans et voilées, croisent des jeunes femmes qui portent des jupes et des jeans. Des jeunes gens en vestes et cravates lisent attentivement les publicités du cinéma « Mondial ». Dans les cafés, le long de la rue Rouzamine, cette population jeune se congratule avec chaleur, échange des poignées de main, et se touche la poitrine. Les physionomies sont le reflet des différentes ethnies qui se sont installées, ont conquis, ou ont traversé Meknès, Berbères, Arabes, descendants des « Abid » et peut-être même quelques Romains.

Ces défricheurs qui s'établirent à l'origine dans la plaine de Meknès furent attirés par la fertilité des terres qui entourent la ville, et les conquérants qui leur succédèrent transformèrent la région en un vaste grenier. Depuis l'époque de Juba II jusqu'à celle de Moulay Ismaïl, et jusqu'à notre époque, l'agriculture a constitué l'âme et la raison d'être de la ville. Elle reste encore, de nos jours, le grenier

à blé essentiel de la nation, elle fournit les céréales pour la fabrication du pain, produit principal du Maroc, aussi bien que des légumes et des fruits. Elle produit aussi du vin dont la plus grande part est exportée.

Tandis que l'esprit de Moulay Ismaïl hante toujours les places désertées, les exigences du XXe siècle ne sont pas pour autant négligées. Par exemple, les vastes jardins du sultan ont fait place à un terrain de golf. Les boutiques, dans la médina, mettent en vente un assortiment d'articles fabriqués qui englobent le traditionnel damasquiné, les bouilloires en cuivre et l'argenterie de table, mais aussi des chaussures de tennis et des tissus synthétiques.

Cela constitue un autre bel exemple de la capacité des Marocains à traverser les siècles avec élégance.

Dans la ville créée par Moulay Ismaïl, la population vit avec l'histoire et non pas pour elle, elle révère la tradition et l'Histoire, sans en être l'esclave.

Se rassemblant au centre de leur cité impériale en expansion, les Meknassis sont fiers de leur passé historique mais regardent également vers le futur.

Rabat et Salé

C'est depuis fort longtemps que l'étroite étendue d'eau que l'on nomme Bou Regreg a fait l'objet de multiples références historiques. On sait que les Carthaginois et les Romains venaient déjà y jeter l'ancre, juste en amont. Il y a huit siècles, Abd al-Mu'min y constitua une force navale qui allait emmener ses troupes combattre les Castillans en Andalousie et les Normands en Tunisie. Plus tard, les pirates de Salé, écumeurs des mers, devaient découvrir avec joie la tour Hassan et les remparts de la ville au terme de leurs périples.

De nos jours, les bateaux pénètrent dans le Bou Regreg par une percée effectuée dans la digue, puis longent les vastes cimetières aux tombes badigeonnées de chaux qui font face aux deux cités. Les remparts almohades de la kasba des Oudaïas se dressent sur la falaise située à l'embouchure du fleuve. Ils entourent et protègent le bâtiment principal qui en est le cœur. Sur la rive opposée, des bastions de terre brune entourent la ligne d'horizon basse des maisons de Salé, blanchies à la chaux.

Double page précédente :

Les maisons blanches de la kasba des Oudaïas surplombent l'embouchure du Bou Regreg, ce fleuve qui sépare et unit tout à la fois les deux cités jumelles de Rabat et Salé. Le premier peuplement de quelque importance y fut un ribat, *ou camp fortifié à vocation religieuse et militaire qui servait de base pour les forces expéditionnaires. Pendant la conquête de l'Espagne par les Almohades, ce camp devint célèbre sous le nom de Ribat el Fath, ou camp de la victoire. Le mot « ribat » finit par se transformer en Rabat.*

Un passeur gagne Salé en traversant le Bou Regreg. La kasba des Oudaïas, véritable forteresse, s'élève derrière ses anciennes fortifications. Au centre, le minaret est celui de la plus ancienne mosquée de Rabat, construite en 1150.

La kasba des Oudaïas, visible derrière le Bou Regreg et les cimetières de Salé, où toutes les tombes sont orientées vers La Mecque.

Si l'on suit des yeux le cours du fleuve, on remonte en même temps le cours de l'Histoire en contemplant la tour Hassan et le mausolée du roi Mohammed V succédant aux remparts imposants de la kasba des Oudaïas. Carthaginois et Romains jetèrent l'ancre dans le Bou Regreg qui, plus tard, devint le port d'attache de ces fameux corsaires connus sous le nom de « pirates de Salé ».

Un passeur rame au milieu des barques de pêche aux couleurs vives : il mène ses passagers de Rabat à Salé, exactement de la même manière que depuis des siècles. Plus loin, au-dessus de la rivière, les véhicules modernes : camions et autobus, roulent à grand bruit sur le pont Hassan II. Plus en amont, un train en partance pour Tanger traverse la rivière.

Alors que le pont Hassan II constitue une projection vers le futur, le grincement et le doux clapotis des rames du passeur nous relient à un passé lointain. De tous temps, la rivière a été, tout à la fois, une frontière et un symbole de l'unité. Mais indifférentes à la conjoncture historique – et même lorsque les deux villes étaient en guerre –, Rabat et Salé ont toujours été liées par leur proximité. Néanmoins, chacune d'elles conserve sa spécificité et conte sa propre histoire.

Les Phéniciens

Bien que des Berbères nomades aient très certainement dressé leurs tentes sur les berges du Bou Regreg, la première référence historique à Rabat remonte au VIIIe siècle avant Jésus-Christ, lorsque des commerçants phéniciens firent escale dans l'estuaire du Bou Regreg. On pense qu'ils installèrent leur campement sur le site de la kasba des Oudaïas. Plus au nord, à Lixus, site proche de Larache, un comptoir commercial était en activité depuis le XIe siècle avant Jésus-Christ. Les Phéniciens échangeaient des produits qu'ils fabriquaient contre de l'approvisionnement, des poissons salés et des peaux de bêtes. Depuis le temps où les Phéniciens avaient établi un port sûr dans le Bou Regreg, l'oued s'est considérablement ensablé : pourtant au VIIIe siècle avant Jésus-Christ, il était large, facilement navigable jusqu'à bonne distance à l'intérieur des terres. Mais Rabat était trop distante des principaux lieux d'échange, en Espagne, et aucune population ne s'y établit de manière définitive.

Les Carthaginois

Il est certain que les Carthaginois connaissaient les rives du Bou Regreg. Une expédition, connue grâce au récit relaté dans le *Périple d'Hannon,* explora la totalité de la côte Atlantique du Maroc, de 475 à 450 avant Jésus-Christ. Plus tard, les Carthaginois créèrent

Sala Colonia fut, au IIe siècle, le port florissant de la plus occidentale des villes romaines en Afrique du Nord. Il n'en subsiste plus aujourd'hui que quelques restes laissés par l'Histoire. Les fouilles archéologiques n'ont été que partielles. Un cimetière almohade du XIIe siècle et la cité mérinide de Chella ont, en effet, été édifiés sur l'emplacement même de l'ancienne colonie.

Les murailles et la porte Bab el Had, du XIIe siècle, illustrent l'importance de Rabat déjà à l'époque des Almohades.

une conserverie de poissons, par salaison, qu'ils exploitèrent sur le site de Rabat. Mais aucune véritable colonie ne s'y implanta avant l'arrivée des Romains au Ier siècle avant Jésus-Christ.

Sala Colonia, les Romains

Les Romains fondèrent une colonie portuaire, en amont de l'embouchure de la rivière. Sala Colonia, tel était son nom, était le port le plus éloigné créé dans l'Afrique romaine (en fait, les limites de l'Empire passaient juste au sud de Rabat). La ville fut construite en une succession de terrasses dominant le fleuve : la partie basse comprenait le marché, le forum, les thermes et le *nymphaeum* (maison de plaisir) ; la partie haute, les maisons d'habitation. C'était une ville active qui exportait des céréales, de l'huile, de la laine et des objets usuels en terre.

Sala Colonia gît maintenant enfouie sous Chella, qui date de l'époque mérinide (XIIIe siècle). Des photographies aériennes à l'infrarouge ont révélé que la plupart des constructions romaines se trouvent toujours sous le cimetière qui date de la période almohade (XIIe siècle). Il est fort probable qu'elles resteront telles quelles, pour des raisons évidentes.

Les Idrissides

Avant le IVe siècle après Jésus-Christ, sous la pression des tribus berbères hostiles, les Romains avaient abandonné Sala Colonia. Néanmoins, son port continua à être utilisé pour le trafic côtier. C'était une ville d'une certaine importance, lorsque Moulay Idriss Ier (788-791) – dont la base se

trouvait à Volubilis, autre ancien avant-poste romain, en fit le siège, alors qu'il s'efforçait d'unifier le Maroc.

Au moment où les fastes romains et chrétiens de Volubilis étaient délaissés au profit de la nouvelle ville de Fès, tout à fait islamique, au cours du règne de Moulay Idriss II, de la même manière, Sala Colonia fut abandonnée – mais pour des raisons qui ne sont pas entièrement connues. Peut-être les habitants préférèrent-ils simplement la nouvelle bourgade, où les Berbères Zénètes étaient en train de s'établir sur la rive opposée du Bou Regreg.

La fondation de Rabat et Salé

On doit faire remonter les origines de ces deux villes de Rabat et de Salé à ces Berbères Zénètes. Au cours de leur lutte pour imposer une image homogène de l'Islam au Maroc, aux IXe et Xe siècles, ils furent en butte à une résistance acharnée de la part des disciples de l'hérésie kharijite. Bien que musulmans, les Berbères kharijites refusaient de reconnaître, entre autres choses, que l'autorité du sultan (ou du calife), était fondée sur sa filiation avec le Prophète.

Entre modernité et tradition, Salé se serre derrière ses hauts remparts.

La porte des Ambassadeurs est décorée d'une délicate frise taillée dans la pierre.

Les Zénètes bâtirent un *ribat,* ou forteresse, sur le promontoire qui domine l'estuaire du Bou Regreg. A partir de cette citadelle, ils pouvaient déclencher des expéditions contre les hérétiques. Plus tard, le *ribat* fut abandonné en faveur d'un nouveau site sur l'autre rive de la rivière, qui devint Salé. De nos jours, il ne subsiste plus du ribat des Zénètes que les ruines d'un fort.

En dépit de l'importance qui avait été donnée à la soumission des Kharijites, ce qui se passait à Rabat, Salé et dans l'ancien avant-poste militaire romain de Sala Colonia (qui ne sera complètement abandonné qu'au XIIe siècle) était fort éloigné des centres et des enjeux du pouvoir impérial. Comme le tracé des routes commerciales qui menaient à Fès passait à travers les terres, entre le Rif et le Moyen-Atlas, et qu'on lançait des expéditions, pour trouver de l'or, à travers le Sahara, en direction du fleuve Niger, les Idrissides de Fès et leurs successeurs, les Almoravides de Marrakech, tournèrent le dos à la mer.

Bab Rouah (« porte des vents »), creusée dans le mur ouest de la cité, date de la période almohade. Lors de sa construction au XIIe siècle, elle était l'un des éléments de défense de la ville ; aujourd'hui, elle accueille des expositions d'art.

Les Almohades

Rabat devait souffrir pendant presque deux siècles de la désaffection royale, jusqu'au moment où elle fut reconnue comme une cité importante par la troisième dynastie marocaine, celle des Almohades, qui estimèrent qu'il était nécessaire d'orienter le pays vers la mer. En préparant une force navale pour aller combattre les Castillans (qui avaient pris Cordoue) en Espagne et les Normands en Tunisie, le calife Abd al-Mu'min rebâtit le *ribat,* sur la rive gauche du Bou Regreg. Soixante-dix navires furent construits pour préparer la future jihad (guerre sainte) – cette fois, contre les armées chrétiennes qui menaçaient les zones limitrophes de l'empire.

Vers 1148, les armées almohades avaient stoppé l'avance des Castillans et repris la majeure partie du sud-ouest de l'Andalousie. Plusieurs années après, la flotte transporta une force armée de 200 000 hommes, envoyés à la conquête de la Tunisie. En sept mois, les Almohades avaient vaincu les Normands et les avaient repoussés jusqu'en Sicile. L'Empire almohade s'étendait maintenant de Tripoli à l'océan Atlantique et de l'Andalousie au Sahara.

Les lumières de Rabat et de Salé se répondent d'une rive à l'autre du Bou Regreg.

HOTEL
CHAAB
أوطيل الشعب

La kasba des Oudaïas

Après ces batailles victorieuses, le camp militaire devint *Ribat el Fath* (camp de la Victoire). La kasba, qui devait être plus tard appelée des « Oudaïas », fut agrandie et fortifiée, mais ce n'est qu'au XIIIe siècle que la tribu arabe des Oudaïas allait lui donner son nom.

Le *ribat,* bâti sur l'emplacement actuel de la kasba des Oudaïas, était à la fois un monastère et une forteresse qui abritait des moines-guerriers qui y préparaient leurs fréquentes expéditions en Espagne, lesquelles se poursuivirent tout au long de la seconde moitié du XIIe siècle et, par intermittence, jusqu'au XVe.

La période almohade reste aussi présente dans la Bab el Kasba, l'impressionnante porte ornementale, et dans les remparts massifs et bruns qui entourent la kasba. La décoration équilibrée de la porte et l'arc en fer à cheval portent la signature almohade : beauté et grandeur s'y trouvent adroitement associées. La kasba renferme également la plus vieille mosquée de Rabat, élevée en 1150.

Les autres constructions de la période almohade, bâties dans la kasba, tombèrent en ruine ou furent détruites au cours du XVIIIe siècle.

L'aspect actuel de la kasba, avec ses rues pavées de galets et ses maisons badigeonnées à la chaux, remonte aux XVe et XVIe siècles, lorsque les réfugiés musulmans, expulsés d'Espagne, lui redonnèrent vie et la transformèrent dans le style andalou.

Les hautes murailles de la kasba, que fit ériger Yacoub el Mansour au XIIe siècle, faisaient partie d'un système de défense très élaboré destiné à protéger le ribat.

Derrière la ceinture des murs almohades du XIIe siècle, les façades blanches de Rabat brillent d'une lumière éblouissante sous l'effet du soleil. C'est une ville faite de larges boulevards et de rues ombreuses, de cafés en plein air et de parcs luxuriants.

Bab el Kasba, datant du XIIe siècle, est la grande entrée de la kasba des Oudaïas. Sa décoration équilibrée et son arc en fer à cheval sont caractéristiques de la période almohade.

L'aspect actuel de celle-ci : des rues propres pavées de pierres, entre des maisons peintes à la chaux, date des XVe et XVIe siècles, époque où les musulmans furent expulsés d'Espagne par les rois chrétiens et s'installèrent dans la kasba : les réfugiés remirent en état la ville entourée de remparts et lui donnèrent son caractère andalou.

Au cours du règne de Youssef (1163-1184), trois expéditions militaires victorieuses aboutirent à l'affermissement du contrôle almohade sur l'Andalousie, Cordoue, Malaga et Grenade furent libérées, en 1183, de l'occupation par des troupes alliées castillanes et portugaises.

Sous le règne de Yacoub el-Mansour, petit-fils d'Abd al-Mu'min (1184-1199), Rabat devait connaître un essor encore plus important. Bien que la ville initiale des Almohades fût Marrakech, le nouveau souverain entreprit de transformer Rabat en une grande cité impériale et une capitale régionale. Pour protéger le *ribat,* il bâtit un système élaboré de défenses composé de Bab Rouah, entrée monumentale de l'Ouest, appelée « la porte des vents » et des murailles qui entourent maintenant l'espace qui formait les cours d'apparat du Palais Royal (*méchouars*).

Tout en faisant bâtir la tour de la Giralda, à Séville, et achever la Koutoubia, à Marrakech, le sultan entreprit la construction d'une mosquée qui devait être la plus grande du monde islamique.

La tour Hassan et la mosquée

Commencée en 1194, la tour Hassan est un point de repère à la fois physique et symbolique pour les habitants de Rabat et les visiteurs. Elle se dresse majestueusement sur les falaises rouges qui dominent le Bou Regreg. Elle aurait dû atteindre 80 mètres (plus que la Koutoubia de Marrakech). Mais il n'en avait été réalisé approximativement que la moitié, lorsque Yacoub el-Mansour mourut en 1199.

L'association de sa masse (les murs atteignent presque 2,50 m d'épaisseur à la base) et de sa symétrie en fait l'un des plus grands monuments du monde. L'élégant réseau des entrelacs, différent sur chacune des faces, est une expression remarquable de la maîtrise des sculpteurs et une illustration exemplaire de l'élégance et de la sobriété qui ont fait la renommée de l'art almohade.

Double page précédente :

Vue d'ensemble du mausolée du roi Mohammed V sur le site de la tour Hassan. Les colonnes de la mosquée de Yacoub el-Mansour, que l'on voit au premier plan, étaient faites pour supporter tout un ensemble de toits de tuiles vertes qui auraient recouvert vingt et une travées.

Ci-contre et double page suivante :

La tour Hassan, qui se dresse majestueusement au-dessus du Bou Regreg, aurait atteint 80 mètres de haut si elle avait été terminée, dépassant ainsi la Giralda de Séville et la Koutoubia de Marrakech. A la mort de Yacoub el-Mansour, sa construction fut arrêtée alors qu'elle atteignait déjà la moitié de la hauteur prévue. La mosquée qui devait jouxter la tour Hassan était prévue pour accueillir l'armée de Yacoub el-Mansour tout entière. Elle resta inachevée après la mort du sultan et fut détruite plus tard par le contrecoup du tremblement de terre de 1755 qui ravagea Lisbonne.

La similitude des styles architecturaux de la Giralda, de la Koutoubia et de la tour Hassan autorise à penser qu'elle ont été dessinées par le, ou les, mêmes architectes, sous l'autorité propre de Yacoub el-Mansour.

A l'intérieur de la tour, une suite de salles voûtées sont reliées par des rampes qui devaient permettre au sultan d'accéder à cheval jusqu'au minaret d'où, une fois arrivé, il s'adressait à son peuple, du haut de sa monture.

La grande mosquée que fit construire Yacoub el-Mansour, afin de permettre à la totalité des hommes de son armée de prier ensemble, n'est plus maintenant qu'une suite de colonnes de pierres blanches. La mosquée et la tour inachevée furent toutes deux gravement endommagées par le tremblement de terre qui détruisit Lisbonne en 1755, comme beaucoup de monuments marocains. Néanmoins, l'ampleur de la mosquée reste nettement perceptible : on pense que 350 colonnes supportaient une gigantesque toiture recou-

verte de tuiles vertes, comme l'impose le caractère religieux de l'édifice, et structuraient les 21 travées qui auraient été susceptibles de recevoir 20 000 fidèles.

Pendant que l'on bâtissait des monuments sur l'autre rive du fleuve, Salé devint la ville commerçante la plus importante. Elle prospéra en tant que point de transit pour les exportations du Maroc (telles que les épices, les peaux de bêtes, les étoffes de laine) destinées à l'Angleterre, l'Italie et la Hollande.

A l'époque où le Bou Regreg n'était pas encore ensablé, les navires marchands pouvaient remonter un canal et entrer directement à l'intérieur des murs de Salé. Bab Mrisa, ou « porte du petit port », d'une hauteur exceptionnelle, fut construite pour permettre aux bateaux d'entrer et de sortir sans devoir abaisser leurs mâts. Ses tours de flanquement et son arc brisé donnent à penser qu'elle fut élevée au milieu du XIIIe siècle par les Mérinides.

Les Mérinides

En provenance des déserts de l'Est surgit une puissance nouvelle qui devait engendrer la dynastie suivante, celle des Mérinides. Ceux-ci firent leur apparition à Rabat et à Salé, en juillet 1258, sous le commandement d'Abou Yahya (1244-1258) qui promut son neveu au poste de gouverneur.

Deux années plus tard, sous le règne de Youssef (1258-1286), les Mérinides revinrent pour libérer Salé d'une invasion de la flotte espagnole. Après un siège de quatorze jours, les envahisseurs furent contraints d'opérer leur retraite. Mais cet épisode renforça chez les Mérinides la crainte d'une invasion du Maroc par les chrétiens et les incita à mener en Andalousie des expéditions punitives au cours des deux décennies suivantes.

Après avoir repoussé les Espagnols, les Mérinides regagnèrent Fès, leur capitale. Rabat et Salé furent relégués au second plan, jusqu'au début du XIVe siècle, période où Abou Saïd (1310-1331) décida d'élever une forteresse sur le site romain abandonné de Sala Colonia. Ce lieu fut connu sous le nom de « Chella », déformation mérinide du romain « Sala » qui provenait lui-même du mot « Sla ».

Les remparts imposants de Chella sont édifiés sur les ruines de Sala Colonia, fort étendues. Ce fut une cité romaine et un port actif, aux Ier et IIe siècles après J.-C.

La grande porte de la cité de Chella, édifiée au XIIIe siècle, associe à la décoration caractéristique de la dynastie mérinide des colonnes de pierre blanches datant d'un établissement romain antérieur.

Pages 258 et 259 :

La nécropole mérinide de Chella abrite les tombes d'Abou el Hassan, le « sultan noir », et de sa femme, une chrétienne convertie à l'Islam.

La cour de la zaouïa de Chella fut édifiée par le sultan Abou el Hassan qui régna de 1331 à 1351.

Chella

Abou Saïd fit construire les remparts et la porte majestueuse. Celle-ci est peut-être la plus belle des portes mérinides qui aient échappé à la destruction. Elle est remarquable par la profusion des ornements placés au-dessus de la pointe de l'arc et autour des tours crénelées.

Le fils d'Abou Saïd, Abou el Hassan (1331-1351), fit bâtir la mosquée dont on peut voir les ruines à l'intérieur des jardins luxuriants de Chella. Bien que de dimensions modestes, elle pouvait s'enorgueillir d'une parure mérinide. Des vestiges de carreaux de mosaïques turquoise sont encore fixés sur ses murs et des entrelacs de fines nervures ont subsisté, presque intacts, sur le minaret élancé (où les cigognes aiment à faire leurs nids).

Le sultan Abou el Hassan fit également construire la *zaouïa* où vivaient de saints hommes dans de minuscules cellules. Tout près de là, se trouvent les tombeaux de quelques-uns de ces *marabouts.* Dans le cimetière, créé par son père, Abou el Hassan repose, non loin de son épouse.

Chella est aujourd'hui un endroit agréable d'où l'on contemple les différentes sédimentations historiques, à l'ombre des arbres et dans les jardins fleuris. Ceux-ci sont encore arrosés par une source qui alimentait déjà la population mérinide de Chella, et les Romains, dans des temps encore plus reculés.

A Salé, Abou el Hassan fit réaliser des ajouts à la Grande Mosquée, commencée par les Almohades, et bâtir une médersa (1341). Bien que celle-ci ne soit pas aussi vaste, ni peut-être aussi grandiose, que celles de Fès et de Marrakech, sa cour est décorée d'un délicat stucage en forme de rayons de miel et de boiseries de cèdre sculpté.

Salé renferme également la *koubba* du saint Sidi Bénachir, un réfugié venu d'Andalousie au XIVe siècle. Une autre *koubba* du XVIe siècle est le tombeau du saint patron de Salé, Sidi Abdallah ben Hassan. Ces deux sépultures tiennent une place importante dans la vie religieuse de la cité.

Après leur bref attrait pour Chella, les Mérinides négligèrent Rabat et Salé pour concentrer leur attention et leurs ressources sur la mise en valeur de Fès. Lorsque cet empire commença à se désagréger au cours de la seconde moitié du XIVe siècle sous l'effet de l'arrivée au pouvoir des Wattassides à Fès, Rabat et Salé furent renvoyés une fois de plus à l'arrière-plan et restèrent à l'écart des batailles qui décidaient de l'avenir.

Au cours de la période wattasside (dont on considère qu'elle a duré à peu près de 1400 à 1550), la présence portugaise sur la côte marocaine se fit plus pesante : des enclaves commerciales furent créées à Tanger et Agadir. Ces occupants étaient détestés, mais les Wattassides se préoccupaient surtout

Une des périodes les plus pittoresques de l'histoire du Maroc se situe au début du XVIIe siècle. Entre 1609 et 1614, les musulmans andalous chassés d'Espagne, les « Hornacheros », se réfugièrent à Rabat et à Salé (Rabat fut alors rattaché au « grand Salé » et prit le nom de Salé el Jdid ou « nouveau Salé »). Rendus amers par le sort qu'ils avaient subi, ils commencèrent bientôt à prendre leur revanche, en attaquant les navires espagnols, sur toute la côte.

Très vite, ils semèrent la terreur : ils sillonnaient, en effet, l'océan Atlantique, des îles Canaries à la Manche, grâce à leurs navires très rapides, les « corsaires », et pillaient les galères européennes qui revenaient des Amériques, lourdement chargées d'or et d'argent. Leur butin apporta l'opulence aux habitants de Salé. La ville regorgeait alors des biens qui avaient été interceptés ; on y trouvait non seulement les trésors qu'elle possédait elle-même, mais aussi du butin apporté par les corsaires barbaresques d'Alger et de Tripoli qui étaient autorisés à faire escale dans le Bou Regreg.

Les maisons délabrées qui dataient des époques almohade et mérinide furent réparées et les murailles reconstruites. Les médinas de Rabat et de Salé atteignirent à peu près leur taille actuelle. Une école de piraterie fut ouverte ; on y enseignait (du moins peut-on le supposer) le maniement de l'épée, le canonnage et les techniques d'attaque des navires marchands.

Du temps de sa grandeur commerciale et avant que le Bou Regreg ne s'ensable, Salé voyait entrer les bateaux qui, empruntant un canal, passaient par Bab Mrisa (« porte du petit port »), dont la hauteur est remarquable.

du contrôle de Fès et de sa région, et n'étaient pas réellement en mesure d'empêcher l'implantation portugaise.

Les Saadiens

Les Saadiens, population rude de la vallée du Drâa, accédèrent au pouvoir au milieu du XVIe siècle et chassèrent bientôt les chrétiens d'Agadir, Safi et Azemmour. Sous le règne d'Abd el Malik (1576-1578), ils repoussèrent l'attaque conduite par le roi du Portugal, lors de la Bataille des Trois Rois. Le sultan permit aussi le développement de la piraterie en laissant les corsaires de Salé fondre sur les navires marchands européens, sur la côte atlantique, pendant que les corsaires d'Alger et de Tripoli faisaient régner la terreur sur le trafic commercial en Méditerranée.

En dépit de la défaite des Portugais et du développement de la piraterie, l'intérêt porté au Maroc par les Européens, stimulé par les richesses tirées du commerce saadien de l'or, se transforma en engouement. Les Espagnols, les Anglais, les Hollandais, les Italiens et les Français se réservèrent tous des territoires ou étendirent leur présence commerciale et diplomatique.

Pages 262 et 263 :

Les portes de la Grande Mosquée de Salé reflètent de nombreuses influences, allant du style almohade du XIIIe siècle à celui qu'apportèrent au XVIe siècle les réfugiés d'Andalousie, fuyant l'Espagne où ils étaient persécutés.

Les médersas constituent l'héritage le plus important que les Mérinides aient laissé au Maroc : c'étaient des logements pour les étudiants qui suivaient l'enseignement coranique. La médersa de Salé fut fondée par le sultan Abou el Hassan en 1341.

Une des périodes les plus pittoresques de l'histoire du Maroc se situe au début du XVIIe siècle. Entre 1609 et 1614, les musulmans andalous chassés d'Espagne, les « Hornacheros », se réfugièrent à Rabat et à Salé (Rabat fut alors rattaché au « grand Salé » et prit le nom de Salé el Jdid ou « nouveau Salé »). Rendus amers par le sort qu'ils avaient subi, ils commencèrent bientôt à prendre leur revanche, en attaquant les navires espagnols, sur toute la côte.

Très vite, ils semèrent la terreur : ils sillonnaient, en effet, l'océan Atlantique, des îles Canaries à la Manche, grâce à leurs navires très rapides, les « corsaires », et pillaient les galères européennes qui revenaient des Amériques, lourdement chargées d'or et d'argent. Leur butin apporta l'opulence aux habitants de Salé. La ville regorgeait alors des biens qui avaient été interceptés ; on y trouvait non seulement les trésors qu'elle possédait elle-même, mais aussi du butin apporté par les corsaires barbaresques d'Alger et de Tripoli qui étaient autorisés à faire escale dans le Bou Regreg.

Les maisons délabrées qui dataient des époques almohade et mérinide furent réparées et les murailles reconstruites. Les médinas de Rabat et de Salé atteignirent à peu près leur taille actuelle. Une école de piraterie fut ouverte ; on y enseignait (du moins peut-on le supposer) le maniement de l'épée, le canonnage et les techniques d'attaque des navires marchands.

Du temps de sa grandeur commerciale et avant que le Bou Regreg ne s'ensable, Salé voyait entrer les bateaux qui, empruntant un canal, passaient par Bab Mrisa (« porte du petit port »), dont la hauteur est remarquable.

La « distribution » des personnages était aussi haute en couleurs que dans un film d'Hollywood : des mercenaires chrétiens, des réfugiés juifs, des déserteurs turcs, des Maures téméraires et vantards, des esclaves de Tombouctou, des aventuriers anglais et français mêlés à la population autochtone arabe et berbère. Un tel ensemble faisait de Salé une des villes les plus cosmopolites de l'époque : des « nations-unies » de la piraterie. Même Robinson Crusoé (ou, plutôt, l'homme dont Defoe s'inspira des aventures pour élaborer son récit) passa deux ans à Salé. Depuis que les Berbères marocains et les Arabes n'étaient généralement plus des gens de la mer, beaucoup de ces capitaines étaient des Maures ou des Grecs chrétiens, convertis à l'Islam.

La république pirate du Bou Regreg

Cet ensemble hétéroclite donna naissance à une république de pirates ; celle-ci se proclama indépendante des Saadiens, en 1627. Le gouverneur était élu. Il n'exerçait sa charge que pour un an (assisté d'un Conseil des anciens).

Cette république dura quatorze ans (1627-1641), jusqu'à ce qu'elle soit minée par des conflits internes. Comme l'Empire saadien s'affaiblissait sous le règne de ses derniers sultans, une nouvelle force surgit dans le centre du Maroc, celle des Dalaiyyas.

Vue panoramique de Salé. Au cours des XVe et XVIe siècles, Salé fut une terre d'asile pour les pirates qui, en toute impunité, pillaient les navires européens, des Canaries au Pas-de-Calais.

En avril 1641, les Berbères Dalaiyyas occupèrent le grand Salé. Mais parce que celui-ci constituait un point de passage pour le commerce européen, son autonomie fut garantie pendant encore dix ans. Au cours de cette période, les Andalous de la ville occupèrent les fonctions de conseillers, interprètes et secrétaires du ministère dalaiyya des Affaires étrangères. Le commerce se développait, en particulier avec les Hollandais, bien que parallèlement la piraterie soit toujours pratiquée.

Les pirates de Salé continuèrent à harceler les navires européens, sans rencontrer d'opposition sérieuse, jusqu'au congrès de Vienne (1815) ; les grandes puissances y décidèrent d'entreprendre une action concertée. En 1816, Moulay Sulaïman (1792-1822) libéra de nombreux marchands chrétiens capturés par les pirates et, l'année suivante, il interdit la course. Les temps glorieux de celle-ci – qui avaient duré presque trois siècles – étaient presque terminés, lorsqu'en 1830 les Français occupèrent Alger, le repère des corsaires barbaresques.

Les Alaouites

Les successeurs des Saadiens, les Alaouites, sont toujours au pouvoir et résident au palais royal de Rabat. Cependant, au XVIIe siècle, Fès était encore le centre politique et religieux du pays. Les Alaouites, qui avaient été accueillis dans la ville sans qu'une goutte de sang coule, engagèrent une campagne militaire pour saper le pouvoir dalaiyya ; ils y parvinrent relativement vite. L'estuaire du Bou Regreg passa sous leur contrôle en 1667.

Après avoir restauré l'ordre et unifié le Maroc, Moulay Ismaïl (1672-1727) commença la construction de la nouvelle cité impériale de Meknès.

S. M. le Roi Hassan II a fait réaliser une restauration complète de la mosquée Jama es Sounna, commencée par Mohammed ben Abdallah à la fin du XVIIIe siècle.

En face du palais royal, la mosquée Ahli Fas fait office de mosquée royale.

Salé et Rabat furent autorisés à poursuivre leur double activité de commerce et de piraterie, tant qu'ils payaient les tributs exigés. Leur rôle principal, pendant ce règne, fut de procurer des captifs chrétiens (environ 2500 pris sur des vaisseaux marchands) : ils étaient astreints aux travaux de construction des grands palais du sultan, à Meknès.

Salé était un des sujets de négociation entre Louis XIV et Moulay Ismaïl. Par l'intermédiaire de leurs ambassadeurs, ceux-ci abordaient régulièrement la piraterie et le rachat des captifs chrétiens. Les entretiens étaient cordiaux, mais sans effet. Le Roi Soleil refusait de discuter sérieusement de l'enrôlement forcé des Marocains sur les galères françaises (une pratique vitale pour que la flotte royale puisse opérer au grand complet). Et aussi longtemps que les Français restaient intransigeants sur ce sujet, le sultan ne se sentait aucune obligation de s'immiscer dans les affaires des pirates de Salé (qui payaient leurs impôts).

Il s'assura du paiement régulier de ces contributions fiscales en envoyant un important détachement de légionnaires noirs (des « Abid »). Ils étaient en garnison dans la kasba des Oudaïas. Il fit aussi édifier plusieurs demeures ; la plus notable est le palais de cette même kasba. Celui-ci abrite maintenant le Musée des Arts Marocains.

La Cour Suprême, le Secrétariat et la Présidence du Conseil, les ministères du Cabinet Royal se trouvent réunis au sein du méchouar – ou cour royale –, ainsi que le palais royal lui-même.

Les jardins andalous attenants ont été aménagés au XIXe siècle. C'est un havre plein de charme. Des allées, dont les sols empierrés conservent la fraîcheur, conduisent à des fontaines aux eaux tumultueuses, à des conifères noueux et à des arbres ombreux, aux fleurs roses et blanches ; l'ensemble est entouré d'un haut mur de pierres brunes – l'eau des jardins est fournie par une noria. Du café andalou, situé juste à la sortie d'un passage creusé dans le mur, on jouit d'une vue étendue sur Rabat et Salé.

La crise qui suivit la mort de Moulay Ismaïl détruisit l'ordre solidement instauré et la prospérité qui avaient prévalu sous son règne. Ils ne furent pas rétablis avant l'accession au pouvoir de Muhammad ben Abdallah (1757-1790).

C'était un pieux, un érudit et un homme d'État sage et équitable. Il restaura la confiance des habitants de Fès, terrorisés par les légionnaires noirs qui agissaient entièrement à leur guise, depuis la mort de Moulay Ismaïl. Après avoir rétabli la paix à Fès qui restait la ville la plus importante du pays, le sultan déplaça sa capitale à Rabat : pour la première fois, le statut impérial se trouvait ainsi accordé à la ville.

C'est alors que fut entrepris le palais royal, où le roi Hassan II, descendant de Muhammad ben Abdallah, habite aujourd'hui. Plusieurs palais et la mosquée Al Fas furent édifiés : ils forment le cœur de la résidence royale et des bâtiments administratifs ; l'ensemble inclut aujourd'hui le palais Riad, le secrétariat, la Cour Suprême, la Présidence du Conseil et les services du Cabinet royal. La garde, dans son élégant uniforme rouge, perpétue une tradition dont l'origine remonte à Moulay Ismaïl.

La grande mosquée As-Sounna, située non loin des murs du palais royal, est aussi due à ce souverain. Son aspect actuel, avec son équilibre de décorations et de murs peints

La tradition de la garde royale « soudanaise » remonte au XVIIe siècle, quand le sultan Moulay Ismaïl constitua une troupe d'élite composée de soldats noirs appelés « abid ».

C'est par cette porte élégante qu'entrent les ambassadeurs venant présenter leurs lettres de créances au souverain, de là son nom de « porte des ambassadeurs ».

Avec ses tables et ses chaises d'un bleu éclatant, le café andalou attend le promeneur qui pénétrera par l'étroite porte percée dans les murs entourant le jardin. Le regard porte loin sur Salé qui s'étend au-delà du fleuve et l'on y déguste, à petites gorgées, du thé à la menthe et du café.

Double page précédente :

Au palais royal, le plus grand soin est apporté aux palefrois montés par S.M. le Roi Hassan II.

A l'intérieur des murs de la kasba, le jardin andalou, aménagé au XIXe siècle, offre une retraite fraîche et paisible, parmi les plantes et les arbres exotiques.

à la chaux, en parfait état, est le résultat d'une restauration récente qui fut entreprise grâce au roi Hassan II.

Après la mort de Muhammad ben Abdallah, en 1790, le Maroc se replia sur lui-même. Les sultans qui lui succédèrent quittèrent Rabat et retournèrent à Fès, d'où ils gouvernèrent pendant une période marquée par une rapide pénétration européenne.

A la suite de la défaite infligée aux Marocains par les Français à la bataille d'Isly (1844), près d'Oujda, ceux-ci, ainsi que les Anglais et les Espagnols, obtinrent dans le pays des concessions commerciales fort lucratives. Les Français installèrent des exploitations minières et de grands élevages. Les Espagnols obtinrent des droits de navigation et de pêche. Les trois puissances créèrent toutes des services postaux intérieurs. L'annexion pure et simple du pays n'était empêchée que par l'équilibre entre les intérêts concurrents, mais ce ne pouvait être qu'une question de temps : il suffisait que des solutions négociées interviennent et permettent à l'un des trois États de s'emparer du trophée que le « royaume heureux » représentait.

Pendant le règne de Moulay Hassan (1873-1874), le Maroc sortit de son isolement et des tentatives sérieuses de réformes furent entreprises. Un système uniforme d'imposition fut mis au point, l'administration réorganisée et l'armée modernisée. Des Marocains furent envoyés à l'étranger pour y étudier la médecine, les sciences et les professions d'ingénieurs.

La cathédrale de Rabat s'intègre parfaitement dans la ville nouvelle où résident de nombreux corps diplomatiques étrangers.

L'avenue Mohammed V est l'axe central de Rabat. Elle se déploie du méchouar à la médina et relie la ville moderne au centre ancien du XIIe siècle.

Le Maroc est une monarchie constitutionnelle qui a élu son premier parlement en novembre 1963. Depuis, l'Assemblée se réunit dans ce bâtiment situé avenue Mohammed V.

De monumentaux édifices modernes, telle la banque Al Maghrib, bordent l'avenue Mohammed V.

Cependant, les effets convergents et cumulés de la résistance intérieure aux réformes et de l'exploitation européenne contribuèrent à ruiner les efforts de Moulay Hassan.

Peu après, un accord franco-anglais intervint, effectivement, en 1904 et autorisa l'intervention française au Maroc, en échange de la reconnaissance de l'autorité britannique sur l'Égypte. Combiné avec une entente entre la France et l'Espagne sur les sphères respectives d'influence au Maroc, il prépara le terrain à l'établissement du protectorat français et à l'obtention des privilèges territoriaux espagnols sur la côte nord. L'acte de la conférence d'Algésiras (1906) fut une ratification de ces accords.

Six ans plus tard, les Français violèrent les frontières de l'Est du pays pour assurer la sécurité des Européens à Fès et ailleurs. En 1911, des forces armées dirigées par le général Moinier occupèrent Meknès. Dans un contexte marqué par l'occupation française de Casablanca et la présence d'un navire allemand au large d'Agadir, le 30 mars 1912, Moulay Hafid signa le traité de Fès, par lequel il autorisait le protectorat français.

La ville moderne

Les caprices de l'Histoire firent que le gouvernement revint à Rabat par la volonté du résident général français Louis Lyautey, cette fois (1912-1925). Envoyé pour administrer le protectorat, il apprit à aimer et respecter le pays et son riche héritage culturel. Pendant qu'il occupait ces fonctions, l'administration française des Beaux-Arts engagea des sculpteurs fassis sur bois et sur stuc, afin de restaurer les palais et les médersas délabrés de Rabat et Salé. Même pendant qu'il menait des opérations militaires pour soumettre les

بنك المغرب

tribus dissidentes du « bled es-siba », la partie du pays qui avait toujours échappé au contrôle gouvernemental, il empêcha la destruction plus avant des médinas, dont l'intégrité avait déjà été entamée par des constructions européennes, grâce à la création de nouvelles villes en dehors des murs. Les missions diplomatiques qui se trouvaient au sein de la médina de Rabat, rue des Consuls, furent déplacées vers la ville moderne. Maintenant reliée à Casablanca par une nouvelle ligne de chemin de fer, celle-ci commença à croître rapidement, dès les premières années du protectorat.

La pénétration française se heurta à Salé à une vive résistance dont les fondements étaient essentiellement religieux ; il en a résulté que cette ville a mieux préservé son caractère arabe. Lorsque Edith Wharton la visita, en 1917, elle écrivit alors que si Rabat avait subi des changements irréversibles, Salé était encore un lieu tout droit sorti des *Mille et Une nuits :* un labyrinthe de maisons blanches qui abritent des fabricants de babouches, des vendeurs de fruits et de légumes et des tisserands qui réalisent les fameuses nattes qui couvrent les sols et les murs des mosquées dans tout le Maroc. Pour l'auteur : « Lorsque les rayons du soleil irradient les murs de couleur crème et les coupoles bleues et blanches qui les surmontent, son éclat s'attarde sur ces tapis faits de riches produits naturels comme il en serait de quelque pièce rare d'art arabe sur une bande de velours oriental ancien ». Et cela reste encore vrai aujourd'hui, à peu de choses près.

Des gardes royaux sont postés à l'entrée de l'esplanade où se dressent la tour Hassan et le mausolée du roi Mohammed V. La mémoire de deux rois est ainsi honorée en un même lieu : l'un grand bâtisseur et guerrier du temps de la formation du pays, l'autre homme d'État du XXe siècle qui a mené la Nation à sa pleine indépendance.

La résistance au protectorat démarra lentement, mais prit bientôt de l'ampleur. En 1921, Abd el-Krim, à la tête d'une armée de Berbères des montagnes du Rif, infligea une défaite aux Espagnols, à Anoual, et occupa Nador (aujourd'hui Al-Hoceima), sur la côte nord. Il fonda une « république islamique » et s'en déclara président. Comme les Espagnols se retiraient du Rif, devenu trop dangereux, il étendit ses frontières, au point de menacer Fès.

Devant de tels périls, Louis Lyautey fut relevé de ses fonctions de commandant des forces armées et on confia au maréchal Pétain la tâche de soumettre Abd el-Krim qui était devenu un héros de la résistance marocaine. Ce dernier fut finalement vaincu en 1926.

Dans l'intervalle, les précurseurs du mouvement d'indépendance, l'Istiqlal, adressaient des pétitions au gouvernement, pour lui demander de respecter le caractère originel du protectorat.

Le Roi Mohammed V

Mohammed V mena une campagne discrète et courageuse en faveur de l'indépendance. Il devint l'incarnation des aspirations nationalistes, surtout après la Seconde Guerre mondiale. Au même moment, de nouveaux ingrédients furent ajoutés dans une marmite déjà portée à ébullition par les rébellions de Casablanca et d'ailleurs. En effet, l'ambitieux Glaoui, pacha de Marrakech, envoya par deux fois ses troupes à Rabat, pour y faire une démonstration de force contre Mohammed V.

La moindre surface du mausolée de Mohammed V montre un suprême savoir-faire artisanal. Les mosaïques ornant le tombeau sont composées de plus de 20 millions de carreaux d'argile cuite et vernissée. La coupole d'acajou est un triomphe de l'art décoratif marocain.

Finalement, au début de l'après-midi du 20 août 1953, alors que les troupes du Glaoui campaient au pied des vieux remparts almohades qui entourent le palais et que l'armée française avait pris position autour de la capitale, Mohammed V fut enlevé par les Français et emmené jusqu'en Corse, dans un avion qui l'attendait dans ce but. C'est là que commença un exil de deux ans, dont il devait passer la majeure partie à Madagascar.

La période qui suivit ces événements fut sombre et sanglante. Nombre de Marocains et de Français y perdirent la vie. Les effectifs militaires français furent augmentés et comptèrent jusqu'à 200 000 hommes. Mais il devint clair que les Marocains se battraient jusqu'au retour de leur roi.

Mohammed V revint triomphalement d'exil, en 1955. En mars 1956, le Maroc recouvra sa pleine indépendance. Le roi se montra clément envers ses ennemis : il chercha à cicatriser les blessures de la nation plutôt qu'à les aggraver. Le transfert du pouvoir des autorités du protectorat à celles du pays se fit sans heurt. Une monarchie constitutionnelle, dotée d'une Assemblée nationale, fut établie. Le roi dirigea le Maroc jusqu'à sa mort, en 1961.

Ci-contre et double page suivante :

Le mausolée et l'intérieur de la mosquée adjacente présentent probablement la plus belle expression de la vitalité des arts décoratifs marocains.

Son mausolée est voisin de la tour et de la mosquée Hassan, dues à Yacoub el Mansour. C'est un édifice moderne qui démontre la vitalité et la vigueur persistantes des arts marocains. Commencé en 1961, c'est un legs fait aux artisans de l'ensemble du pays, en particulier aux Fassis (qui ont créé les portes et le lustre de bronze). L'ensemble formé par le mausolée et la nouvelle mosquée, toute proche, est léger et délicat et constitue un bel équilibre avec les ruines de la mosquée et de la tour almohades.

La mémoire de deux grands rois se trouve révérée sur les falaises rouges qui dominent le Bou Regreg ; l'un fut un grand guerrier et un constructeur, alors que l'Empire était encore jeune, l'autre, un homme d'État qui a construit une nouvelle nation, articulée aux monuments laissés par un passé glorieux. Il est donc tout à fait pertinent que les deux époques soient réunies, au travers de la tour almohade et du mausolée alaouite qui les incarnent, avec, entre les deux, la Grande Mosquée qui représente la continuité de l'Islam.

Un mihrab magnifiquement décoré permet aux fidèles de s'orienter vers la Mecque dans la mosquée.

Le marbre rafraîchissant du musée et de la bibliothèque du mausolée, du XXe siècle, encadre la tour Hassan, du XIIe siècle.

Rabat et Salé aujourd'hui

On dit parfois que la population de Salé est pressée, tendue, et que celle de Rabat est plus sereine. Il semblerait que cette différence remonte à l'époque où les portes de Salé étaient immédiatement closes à la tombée de la nuit, ce qui obligeait les habitants à se presser pour rejoindre leurs maisons, après une journée passée à Rabat. Quiconque restait à la porte ne pouvait entrer avant le matin : c'était un sérieux inconvénient.

Mais, de nos jours, c'est à Rabat que l'on s'affaire, avec les ministres et les secrétaires d'État qui courent d'un rendez-vous à l'autre, alors que Salé semble plus calme. Celui-ci est très largement résidentiel. Ses habitants font la navette pour travailler à Rabat et même à Casablanca fort proche. Mais en dépit de son apparence tranquille, Salé est actuellement un centre prospère de petites entreprises artisanales. Les tisserands y fabriquent encore des nattes de jonc très prisées (que l'on place dans les mosquées), les potiers et les fabricants de tapis, des produits qui conservent leur originalité. Salé est aussi renommé pour la sculpture sur bois et sur pierre, le travail du fer forgé et du cuivre, l'ébénisterie et la vannerie.

Le grand marché du jeudi, aux portes de Salé, est un spectacle magnifique ; il tient du bazar et de la foire rurale : on y trouve des artisans et des services, telle la dentisterie traditionnelle, mais aussi des légumes, des fruits et des épices.

De nos jours, bien que les deux villes fassent partie de la grande métropole de Rabat, les fonctions de chacune d'entre elles sont extrêmement différentes. Rabat est maintenant la plus importante des cités impériales, la résidence permanente du roi et du gouvernement.

L'avenue Mohammed V, cœur de Rabat

Les ministères aux façades blanches se trouvent le long de l'avenue Mohammed V et les missions diplomatiques sont situées dans de très beaux quartiers résidentiels, essentiellement dans celui de l'ancienne « résidence » qui date du temps du protectorat. Le centre de la ville s'est déplacé des rues étroites et bien entretenues de la médina vers les larges avenues de la ville moderne.

Dans l'après-midi, l'avenue Mohammed V s'anime d'un flux de flâneurs qui jettent un regard curieux dans les librairies et aux affiches publicitaires des cinémas. La cour de l'hôtel Bulima se remplit de ceux qui veulent voir et être vus; dans les grands cafés, les garçons qui portent des vestons dignes et traditionnels, de couleur bordeaux, sont débordés par les clients qui discutent les événements du jour, au-dessus de tasses de café et de verres de thé.

Cet axe essentiel de la ville traverse les murailles et se poursuit dans la médina : il jette un pont entre cultures et époques différentes. A cette heure de la journée, dans la médina, les artisans de Rabat ferment leurs boutiques et rentrent chez eux pour dîner. De petits restaurants servent des brochettes de keftas (ou de boulfafs) et de kebab et les épiceries restent ouvertes, pour vendre aux promeneurs de la soirée.

Pendant les trente minutes nécessaires pour parcourir l'avenue, le regard embrasse un large éventail de l'histoire architecturale marocaine, depuis le XIIe siècle jusqu'au XXe, du style almohade aux édifices alaouites. C'est le Maroc moderne : sophistiqué, élégant ; une grande mosaïque qui mêle le passé et le présent et incorpore harmonieusement l'histoire à la vitalité de la modernité.

Les rives du Bou Regreg : la mémoire

Mais si l'on retourne à l'oued, le calme n'est rompu que par le grincement et le doux clapotis des rames du passeur qui effectue sa dernière traversée de Rabat vers Salé. Après avoir déposé ses passagers, il amarre son bateau et est ramené sur la rive par un de ses amis qui pêche de nuit. Lorsqu'il atteint la rive de Salé, il retire son chapeau de paille (de fabrication toute locale) et regarde, de l'autre côté de l'oued, les lumières de la kasba des Oudaïas. Rabat brille de mille feux et la tour Hassan se dresse, majestueuse, au-dessus du Bou Regreg. Il pense à la journée de travail accomplie et au tajine que sa femme a préparé pour le dîner. Il a aussi à l'esprit Sidi Abdallah ben Assoun, le patron des bateliers, qui l'a béni. Il décide qu'il fera une visite à la *koubba* du *marabout.* Puis il se détourne et se dirige vers sa maison.

Double page suivante :

D'élégants hôtels datant du protectorat français se mêlent à l'architecture de l'après-indépendance le long de l'avenue Mohammed V bordée de palmiers.

Chaque matin, la ville est approvisionnée en fruits et légumes fraîchement cueillis et les commerçants rivalisent de talent pour attirer les clients à leurs étalages colorés.

au Maroc. Mais leur seul but était la prise de Carthage, et ils ne s'intéressèrent nullement au Nord du Maroc qu'ils parcoururent rapidement. Les chefs berbères purent se tailler des royaumes féodaux en toute liberté.

Les Byzantins arrivèrent au Maghreb, conduits par Bélisaire, et effacèrent toute présence vandale. Ceux des vaincus qui n'avaient pas été emmenés comme esclaves à Constantinople prirent la fuite dans les montagnes où ils se mêlèrent aux Berbères.

Lorsque les Byzantins cherchèrent à restaurer une administration de type romain, ainsi que le christianisme, ils se heurtèrent à une résistance acharnée de la part des Berbères. En dehors des quelques villes qu'ils contrôlaient, leur influence fut négligeable. De fait, la culture romaine et chrétienne avait perdu toute influence dans le pays. La pénétration de l'Islam, au siècle suivant, lui donna le coup de grâce.

L'islamisation

Oqba ben Nafi, commandant d'une force expéditionnaire, envoyée par le califat umayyade (ou omeyade) de Damas, arriva au Maroc en 683. Lorsqu'il fut parvenu jusqu'à la côte atlantique, il nomma Maghreb («Al Maghrib ») ou le « soleil couchant » le territoire nouvellement conquis.

Bien que Oqba ben Nafi fût lui-même vaincu par les Berbères, l'Islam prit rapidement racine. Dès 711, les Berbères s'étaient joints aux Arabes, lorsque ceux-ci se lancèrent à la conquête de l'Espagne. Le commandant du premier corps expéditionnaire, Tariq ben Ziyad, était en fait un Berbère.

Cependant, ce n'est qu'un siècle plus tard que la religion musulmane s'implanta et s'épanouit vraiment, avec la venue de Moulay Idriss (788-791) qui fonda la première dynastie marocaine : celle des Idrissides.

Les Idrissides

Comme fondateur de l'Islam marocain, Moulay Idriss est grandement révéré. Son tombeau, dans la ville qui porte son nom, est lieu de pèlerinage très vénéré. Son fils – dont le *zaoui* attire aussi la dévotion de nombreux musulmans pieux – fonda Fès, la première cité impériale. Il semble bien, d'ailleurs, que les Idrissides soient à l'origine d'une pratique religieuse tout à la fois spécifique et très répandue au Maroc : la vénération pour de saints hommes et sa manifestation au travers de la construction de *zaouias* et de *koubbas* autour de leurs tombes.

Les Almoravides

Lorsque la dynastie idrisside périt sous les effets conjugués de périls externes (la menace fatimide) et internes (l'insoumission de tribus berbères), c'est une tribu berbère *sanhaja* qui prit le pouvoir ; elle devait donner naissance à la dynastie almoravide. On appelait les membres de cette tribu les hommes voilés, parce qu'ils protégeaient leur visage contre le sable et la poussière en se couvrant la tête d'un tissu. Ils se détournèrent du commerce transsaharien de l'or (qui, depuis Hannon jusqu'au XVIe siècle, a été un élément vital pour la richesse du pays) avec les tribus des rives du Niger, qui leur avait apporté la richesse, et orientèrent leurs objectifs vers l'unification du Maroc. Poussés par un zèle missionnaire, les Almoravides (dont le nom vient de *al murabitun,* les gens du *ribat*, et désigne les moines guerriers qui vivaient dans les *ribats*, tout à la fois monastères et forteresses, dénomination qui a été déformée par l'espagnol en celle d'almoravide) créèrent un vaste empire qui englobait le sud de l'Espagne et le Portugal, la totalité du Maroc, la majeure partie de l'Algérie, et de

vastes parties de la Mauritanie et du Mali actuels. Ils fondèrent Marrakech en 1062. Les arts furent florissants tant que les Almoravides patronnèrent écrivains, peintres et sculpteurs.

Les Almohades

Des divergences théologiques qui concernaient essentiellement l'usage almoravide du rite malikite aboutirent à faire d'Ibn Tumart un véritable ennemi de cette dynastie. Le rite malikite appartient à la plus stricte des quatre écoles théologiques islamiques ; on y trouve une insistance particulière sur l'interprétation du Coran qui concerne les représentations physiques de Dieu. Ibn Tumart défendit une lecture plus allégorique des mêmes passages, il pensait qu'une telle vision servait mieux le concept essentiel de l'unité divine. Ses adeptes furent nommés les *al-Muwahhidun* , « ceux qui affirment l'unité divine », ce qui donna plus tard le terme *almohade*.

Les Almohades, des Berbères Masmuda du Haut-Atlas, avaient submergé les Almoravides dès la moitié du XIIe siècle, ils prirent alors Marrakech et en firent leur capitale. Ils étendirent leur royaume à l'est jusqu'à la Libye et conservèrent sous leur emprise la majeure partie de l'Andalousie, en dépit de la reconquête chrétienne *(Reconquista)*.

Les Mérinides

En 1212, les Almohades furent vaincus par une armée chrétienne, en Andalousie, et la dynastie connut un déclin rapide. L'année suivante, 1213, les Mérinides parvinrent à se glisser à Fès (en profitant du désordre qui y régnait) et firent couronner un nouveau souverain. Ils ne consolidèrent cependant leur pouvoir sur le pays que dans les décennies suivantes et redonnèrent à Fès, la ville fondée par les Idrissides, un rôle de capitale impériale.

Sous leur protection, les arts connurent un épanouissement sans commune mesure avec ce qu'il avait pu en être auparavant – ni depuis, selon certains. Ceci tout particulièrement à Fès. Mais, au fur et à mesure que la vie de la cour devenait plus somptueuse, la volonté de défendre le Maroc semblait s'affaiblir. Comme la reconquête chrétienne était presque arrivée à son terme, les Espagnols et les Portugais en vinrent à porter leur attention – et leurs ambitions – vers la côte marocaine, où ils développèrent leurs activités commerciales dans des proportions inquiétantes pour l'indépendance du pays.

Les Saadiens

Les Saadiens, des descendants du prophète Muhammad (Mahomet) qui étaient arrivés au Maroc au XIIe siècle, entreprirent une campagne militaire pour délivrer le pays des chrétiens, en particulier des Portugais. Ils obtinrent leur succès le plus spectaculaire en 1578, à la Bataille des Trois Rois où les Portugais subirent une de leurs plus graves défaites.

Les Saadiens devinrent extrêmement riches grâce au commerce transsaharien de l'or. Marrakech fut alors un grand centre culturel. Mais la fortune détruisit aussi leur vigueur et ils n'étaient pas prêts à résister à la montée des Alaouites.

Les Alaouites

Alors que le pouvoir des derniers Saadiens périclitait, les Alaouites, connus aussi sous le nom de Filalis, furent invités par les Fassis à prendre le pouvoir. C'étaient des *chorfa*, des descendants du prophète Mahomet. Ils restaurèrent l'ordre rapidement et, sous le second sultan de la dynastie, le puissant Moulay Ismaïl (1672-1729), le Maroc avait retrouvé sa grandeur.

Les Alaouites gouvernent maintenant le Maroc depuis trois cents ans. S.M le Roi Hassan II, le monarque alaouite régnant, a conservé Rabat comme cité impériale et centre administratif.

C'est principalement grâce à sa culture, surtout à son art et à son architecture, que chaque nation acquiert sa part d'immortalité. Si le Maroc n'avait que Fès à montrer pour prouver le génie de son peuple, une telle cité suffirait à assurer la consécration de ce dernier dans le panthéon de l'héritage culturel mondial. Cependant, le pays possède encore beaucoup d'autres villes qui renferment elles aussi de véritables trésors. Parmi elles, les quatre plus majestueuses, les cités impériales : Fès, Marrakech, Meknès, Rabat, offrent un ensemble d'œuvres de la plus haute qualité. Prises ensemble, elles représentent un accomplissement couronné de succès, une réponse à l'attente de l'homme de parvenir à exprimer son amour de la beauté, sa relation avec la nature et sa quête de transcendance.

L'architecture sous les différentes dynasties

S'il est permis de considérer qu'il existe une architecture islamique dans la mesure où, concrètement, la religion a dicté l'orientation, la structure et les thèmes ornementaux des édifices religieux, favorisé des flux d'échanges culturels priviligiés et, plus profondément encore, créé une manière d'être au monde, chaque aire géographique de cet ensemble se caractérise cependant par l'intégration d'influences distinctes : celle de l'Andalousie musulmane est particulièrement grande dans les cités impériales du Maroc ; de ce fait, il serait plus juste de parler du « style » imposé par chaque dynastie, voire par les sultans les plus puissants qui ont su imprimer leur marque sur leurs capitales respectives, ainsi que dans les autres grandes villes concurrentes, souvent d'anciennes cités impériales elles-mêmes.

Les formes architecturales et décoratives présentent pourtant une continuité réelle, y compris à notre époque. La force de l'attachement à la tradition y est pour beaucoup ; elle s'appuie sur la transmission de savoir-faire fort élaborés, au sein de guildes bien organisées d'artisans et d'artistes. De telles conditions n'excluent nullement la recherche de variations sur une même thématique ; une des conséquences en a été une complexité de plus en plus grande des motifs décoratifs.

Les *ribats*, tout à la fois monastères et forteresses, sont des édifices qui caractérisent bien l'action conquérante des tribus berbères, après leur islamisation. La kasba des Oudaïas, à Rabat, conserve le souvenir de celui de ces bâtiments qui donna ultérieurement son nom à la cité.

Si peu de bâtiments de l'époque almoravide ont finalement subsisté – les Almohades les ont, en effet, largement détruits –, la première dynastie fondatrice du Maroc avait pourtant rapporté de l'Espagne musulmane, où son plus grand sultan, Youssef ben Tachfin, était allé rétablir l'ordre, nombre d'éléments architecturaux qui ont profondément marqué les constructions ultérieures : ainsi, l'arc en plein cintre outrepassé, dit en « fer à cheval », des motifs stylisés en feuilles d'acanthes ou en palmes. L'emploi du stucage et de l'écriture coufique, souvent de type fleuri, à laquelle la cursive sera associée plus tard, apparaît aussi dès ce moment. Enfin, au moins autant que les formes urbaines, le paysage marocain s'est trouvé définitivement façonné par les travaux d'irrigation entrepris par les Almoravides : il suffit de penser à l'oasis de Marrakech.

L'architecture almohade allie une grande recherche de l'équilibre des proportions, de l'élégance décorative, à son austérité première, effet de la réforme religieuse qu'elle incarne, mais aussi de la tradition berbère (dont la rigueur se perçoit encore aujourd'hui dans les kasbas seigneuriales). Les sultans de cette dynastie furent de grands bâtisseurs d'enceintes fortifiées, de mosquées : celles de la kasba (dite aussi d'el Mansour) et de la Koutoubia à Marrakech, leur capitale initiale, de Hassan à Rabat, devenue à son tour cité impériale sous le règne de Yacoub el Mansour, de palais, enfin. La perfection de l'art qu'ils ont promu culmine tout particulièrement dans les minarets : ceux de la Koutoubia comme de la tour Hassan : les grandes surfaces planes sont rompues par des baies, découpées par des arcs dont les stuctures sont fort variées, de plein cintre ou brisés, polylolés ou à lambrequins. Dans les remplages des parties hautes, la brique est utilisée de manière remarquablement judicieuse pour former des losanges entrecroisés (les *sebkas,* dits « nids d'abeilles ») qui surmontent des arcs brisés entrelacés et polylobés. Autour des arcs qui les soutiennent, les portes fortifiées construites en pierre, sont, elles aussi, très subtilement décorées : foisonnement d'entrelacs qui évoquent une végétation que la stylisation rend tout à fait abstraite, écoinçons en palmettes de la porte des Oudaïas et de Bab el Rouah de Rabat ; des citations se déroulent sur leurs bandeaux et peuvent se poursuivre en un véritable encadrement. C'est encore sous la dynastie almohade que l'on commença à orner les coupoles de stalactites.

Les grands sultans mérinides du XIVe siècle surent créer un style de vie et de décoration aussi raffiné que subtil. Comme en témoigne encore Fès, des édifices où commodité, beauté et agrément se mêlent étroitement furent réalisés en grand nombre : en plus des palais, des mosquées et des fortifications, ces souverains firent, en effet, construire des *médersas* – ou collèges religieux –, des *fondouks* – hostelleries pour marchands –, des fontaines, des bains. Partout la décoration se caractérise par son intensité : elle remplit intégralement l'espace bâti : le sol est cannelé, sur les murs, aux *zelliges* et aux bandes de faïence succèdent sans interruption des sculptures sur cèdre et sur stuc. Des stalactites, qui peuvent être faites de bois peint comme à la médersa Bou Inania de Fès, sont accrochées aux voûtes.

Après plus d'un siècle de troubles, les *chorfas* saadiens contribuèrent à une renaissance des arts, en même temps que du pays. La fortune accumulée par Yacoub el Mansour (1578-1603), le plus grand de ces princes, a permis l'édification de bâtiments somptueux, en particulier à Marrakech, sa capitale. Si ces derniers s'inspirèrent largement du langage architectural mis en forme sous les Mérinides, ils se caractérisent pourtant par leur faste, leurs proportions plus grandioses, mais aussi la forme générale plus aérienne des édifices qui reposent souvent sur des colonnes de marbre, élancées, et des chapiteaux aux formes recherchées, alors que leurs parties hautes se prolongent par des envolées de corniches de cèdre sculpté, placées en auvent. Les variations décoratives sur des thèmes déjà fixés sont multiples : les uns y voient une tendance à la répétition et à la surabondance, les autres un approfondissement foisonnant. Par ailleurs, l'influence des relations avec les pays européens se fait parfois sentir, comme dans les bastions de Fès (le borj nord, surtout).

Tout était imposant et confinait presque au gigantisme dans les constructions que Moulay Ismaïl (1672-1727) fit réaliser dans sa nouvelle capitale, Meknès : fortifications, portes et bastions, greniers et réservoirs d'eau, palais. Outre les ruines des dépendances du palais, on peut admirer encore aujourd'hui les demeures seigneuriales qui montrent la richesse des matériaux employés alors, ainsi que les portes monumentales. La décoration de ces dernières se caractérise par l'accentuation du relief – Bab Mansour el Aleuj – et par une utilisation plus grande de la couleur, verte en particulier. Ce dernier trait ne fera que s'accentuer sous les autres sultans alaouites : les faces des minarets plus tardifs de Fès et de Meknès portent, en effet, de grands panneaux de céramique verte, alors que les revêtements de faïence des mosquées, comme les boiseries peintes, se distinguent par une polychromie dont le registre est de plus en plus éclatant.

Double page suivante :

Aux yeux de Moulay Idriss II, cette vallée bien irriguée a paru l'endroit idéal pour fonder, en l'an 808, sa nouvelle cité. Un établissement a été construit sur chacune des rives de l'oued Fès, l'un comme l'autre doté de sa propre mosquée. Plus tard, lorsque Fès a accueilli des réfugiés d'Andalousie et de la cité tunisienne de Kairouan, chacune des deux rives a été très fortement marquée par le style des nouveaux venus. Depuis lors, les deux quartiers portent respectivement les noms de Fès el Andalou et Fès el Karaouiyne.

Fès

Le premier appel à la prière « Allah Ou Akbar » qui retentit, avant l'aube, est lancé des trois cents mosquées de Fès. Son ton est celui d'une lamentation : c'est une invitation mystérieuse et belle à reconnaître la grandeur de Dieu. Le ciel passe lentement des tons de gris et de bleu à ceux de jaune et de rose. Fès émerge de son léger voile de brume ; le minaret de la mosquée Karaouiyne prend de la consistance : l'apparition vaporeuse se transforme en une sorte de fusée, sentinelle qui surveille la ville assoupie.

Malgré les apparences, beaucoup sont déjà éveillés. Les Fassis (les habitants de Fès) se réveillent tôt. Nombre d'entre eux se sont levés pour répondre à ce premier appel à la prière. Les bruits de la ville commencent à s'élever des petites rues et des cours intérieures carrelées : ceux des marteaux et des rabots, le braiement des ânes, le ferraillement des marmites et des casseroles et le tintement des verres de thé, le murmure des voix. Les terrasses qui couvrent les maisons sortent de la brume matinale pour former une mosaïque de couleurs douces : moutarde, crème, gris d'argent vieilli, jaune doré, brun et le vert brillant des tuiles vernissées qui couvrent les toits des mosquées.

Fès-Jdid, ou Fès la nouvelle, est une extension de la ville bâtie par les Mérinides au XIIIe siècle ; s'y trouve l'actuel palais royal datant des années 1880.

HOTEL D'ORSAY

Le Maroc éternel

De surprenantes oasis de verdure se déploient derrière les murs de Fès, tel ce jardin du palais du vizir, aujourd'hui l'hôtel du Palais Jamaï.

Les maisons typiquement marocaines des cités impériales restent souvent impénétrables au monde extérieur. Dans la médina de Fès, par exemple, les rues sont bordées de murs gris ou jaunes ; ce sont les façades des demeures ; elles sont seulement percées, ici ou là, de fenêtres étroites et de portes cloutées. Même lorsque celles-ci sont ouvertes, on ne voit que peu de choses : parfois, un vestibule sombre ou un renfoncement dans un mur, souvent, une volée de marches.

Mais au-delà des portes et des escaliers, on pourrait découvrir des cours intérieures, décorées de carreaux vernissés, turquoise et bleus, et agrémentées de moucharabiehs de cèdre, finement taillé, et de stucages délicats qui égalent parfois ceux des palais et des résidences des vizirs. Le soleil illumine des patios remplis d'arbres et de fleurs en pots ; il est fréquent qu'en leur milieu jaillisse l'eau d'une fontaine. Ce sont des oasis intérieures qui restent fraîches même au plus fort de l'été et protègent du soleil comme de l'agitation incessante de la vie quotidienne en ville, des enclaves miraculeuses d'eau et de verdure à l'intérieur de la médina.

Ces habitations sont significatives du mode de vie des Marocains. Elles révèlent un caractère contemplatif, tourné vers la recherche de la vie intérieure. Au hammam (bains publics), par exemple, les hommes restent longuement en repos, dans les salles de bains de vapeur. Dans les mosquées et les médersas, la réflexion et la prière sont grandement respectées.

Une telle importance accordée à la vie intérieure, aussi bien intellectuelle que spirituelle, a beaucoup contribué à modeler l'histoire et la culture du Maroc, depuis les temps les plus anciens. Les sciences et les arts, fruits d'une telle attitude, n'ont jamais été plus riches que sous les premières dynasties. Près de cinq siècles avant la Renaissance européenne, création et savoir étaient déjà très florissants, grâce au mécénat des souverains marocains.

En fait, bien que cela ait été rarement reconnu, l'Europe, et l'Occident en général, doivent une part importante de leurs traditions culturelles et scientifiques au Maroc et à la culture mauresque que ce pays a fécondée. Ce dernier fut à la fois un foyer de la pensée et un canal indispensable à la propagation d'idées éclairées vers l'Europe.

Ainsi, au XIIe siècle, l'étude de la géographie, de l'histoire et de la médecine y avait plusieurs siècles d'avance sur l'Europe et le monde entier. Trois cents ans avant Christophe Colomb, un géographe marocain avait déjà représenté la terre sous la forme d'une sphère. Les Marocains ont laissé une empreinte durable sur l'écriture de l'histoire ; ceci grâce à un ensemble de travaux, depuis les traités décisifs d'Ibn Khaldoun sur les dynasties berbères jusqu'à la *Description de l'Afrique* de Léon l'Africain, publiée en italien (un Maure de Grenade qui séjourna à Fès et voyagea à travers l'Afrique, où il fut capturé par les chrétiens ; son vrai nom était Al Quezzan).

Ibn Sina (Avicenne) écrivit un ouvrage médical qui servit de référence aux Européens pendant cinq siècles. Les Marocains découvrirent le processus de la propagation de la maladie par contagion, alors que les Européens restaient encore dominés par des superstitions. Pendant que la peste faisait rage en Europe, les Mérinides de Fès construisaient quelques-unes de leurs plus belles médersas.

Les méthodes d'irrigation et d'agriculture, mises au point dans le désert inhospitalier qui entoure Marrakech, firent de l'Andalousie un jardin lorsqu'elles furent introduites en Espagne. Que la majeure partie de l'Andalousie soit retournée à son état désertique originel, après l'expulsion des agriculteurs maures, à la suite de la reconquête, constitue une preuve « a contrario » de l'habileté de ceux-ci.

Quant à la philosophie et à la théologie, elles doivent elles-mêmes beaucoup à Ibn Rushid, plus connu en

D'étroites portes peuvent déboucher sur de somptueux restaurants proposant une cuisine marocaine raffinée dans un décor aussi majestueux que grandiose.

Europe sous le nom d'Averroes, dont les commentaires philosophiques sauvèrent Aristote de l'oubli. Maimonide (Ibn Maimum), le grand philosophe juif du XIIe siècle qui codifia la loi juive, étudia à la mosquée Karaouiyne. Il semblerait qu'il en fut de même du pape Sylvestre II.

Même la notion d'amour courtois semblerait avoir gagné l'Europe (et changé la vie pour le meilleur et pour le pire) sous l'influence des poètes marocains. Les formes lyriques de cette poésie, *zajal* et *nuwash shad*, furent adoptées par les troubadours provençaux, puis se répandirent à travers le continent, au cours du moyen âge.

La contribution du Maroc à l'architecture et aux arts décoratifs a été clairement mise en évidence dans les pages précédentes. La combinaison adroite de la géométrie et des gracieuses formes curvilignes de l'arabesque et de l'écriture coufique a donné naissance à une production architecturale abondante et spécifique. La précision et la complexité du carreau de mosaïque, basées sur la division d'un cercle en huit parties, sont encore plus impressionnantes lorsqu'on sait que ce travail était exécuté avec des outils élementaires : généralement un compas, une règle à bord plat et un burin (pour couper les carreaux), uniquement.

Une grande dextérité et une extrême rapidité devaient être déployées pour modeler les stalactites de stuc appelées *muqarnas* (qui décorent les tombeaux saadiens, notamment). Celles-ci étaient constituées de formes géométriques articulées et devaient être façonnées avant que le plâtre ne sèche.

Les travaux de restauration subventionnés par le roi Hassan II, les Nations Unies, l'Aga Khan ainsi que des organisations locales et internationales ont donné un nouvel essor aux arts décoratifs tout en assurant la transmission des savoir-faire aux générations suivantes. Le mausolée de Mohammed V à Rabat, élevé dans les années soixante,

est un témoignage magnifique de la vitalité des arts traditionnels au Maroc.

Les créations artisanales y sont également très vivaces ; qu'il s'agisse des manuscrits enluminés, des reliures en cuir repoussé qui couvrent les corans, de la marqueterie aux motifs entrecroisés, des lanternes et des chandeliers en verre coloré, des objets en cuivre et en laiton, des sculptures en pierre, des broderies ou des bijoux.

Il est évident que l'ère de l'artisanat n'est pas révolue au Maroc. Dans les médinas des cités impériales, les artisans accomplissent, jour après jour, leurs tâches traditionnelles, avec une dextérité transmise au fil d'innombrables générations. Le long des rues de Fès, les méthodes ancestrales de travail du bois sont encore à l'honneur pour réaliser des moucharabiehs et des meubles d'une grande finesse d'exécution. On trouve communément dans la médina de Marrakech de la damasquinerie (du nom de la ville dont celle-ci est originaire : Damas) d'une grande beauté.

Dans tout le pays, les maîtres potiers réalisent encore des créations exceptionnelles par la variété de leurs formes et de leurs couleurs. De même que pour les tapis, l'ornementation prédominante est géométrique, comme la tradition culturelle et religieuse peut le laisser deviner, mais elle n'est pas exclusive : ainsi, dans la création de poteries et de céramiques, les motifs végétaux stylisés tiennent aussi une grande place. Pour l'un comme pour l'autre des types de production, la pureté et la diversité des teintes naturelles sont très frappantes.

Les impénétrables murailles abritent souvent des palais ou des résidences privées aux intérieurs étonnamment luxueux, comme ceux-ci.

Dans le Sud, autour de Marrakech, c'est le travail de l'argile nue qui est le plus fréquent. Le décor renflé est appliqué et son dessin est géométrique. Non loin de là, à Tamegroute, dans la vallée du Drâa, les artisans pratiquent une poterie vernissée du vert vif de la menthe. Le décor des céramiques de Fès est bleu foncé, sur émail blanc ; il se caractérise par la profusion, ainsi que par la richesse des formes et des sources d'informations ; à Meknès, les motifs sont végétaux. C'est à Fès et à Meknès, enfin, que sont produites les tuiles vernissées de couleur verte qui, sur les toits, indiquent partout la présence du pouvoir religieux.

Comme celle de la plupart des poteries, la fonction traditionnelle des tapis berbères est usuelle : ils servent de matelas et protègent du froid. La richesse de leurs couleurs et de leurs motifs est un signe parmi d'autres de la place accordée à la beauté dans la vie quotidienne. Leur diversité est grande, preuve de la vitalité, autant que de la spécificité des traditions locales. La production de ces tapis est particulièrement vivace et belle autour de Marrakech. Les glaoua, au sud de la cité, sont réalisés sur des fonds noirs ; les chichaoua, à l'ouest, présentent une gamme de couleurs chaudes : du bois de rose au rouge. Si leur ornementation est le plus souvent géométrique, il arrive aussi qu'elle comporte des animaux ou même des personnages, surtout lorsqu'il s'agit de tapis anciens. Les motifs des Ouaouzguit, au sud de Marrakech, comme des glaoua, sont géométriques et juxtaposent des couleurs tranchées : jaune, or, bleu-vert, noir, gris.

Le musée des Oudaïas de Rabat, un palais édifié au XVIIe siècle par Moulay Ismaïl, renferme des collections de poteries et de costumes traditionnels.

Les tapis de Rabat sont d'origine citadine et remontent à une tradition moins ancienne. Si la légende veut qu'une cigogne venue d'Orient ait laissé choir des fragments que des femmes auraient alors commencé à reproduire, on ne sait, en fait, comment leur inspiration orientale s'est transmise à Rabat. Bordés de bandes de couleurs différentes dont les thèmes sont floraux ou géométriques, ils comportent un motif central, souvent en forme d'étoile : le fond est vif, traditionnellement rouge ou rose, mais la couleur tend à se diversifier en fonction des goûts contemporains, parfois importés. Et le bleu, en particulier, est maintenant fréquemment utilisé. Ces tapis sont le résultat de longues heures de travail, généralement exécuté par des femmes et des jeunes filles ; les fibres de laine et de soie sont soigneusement tissées sur des métiers manuels.

Les tapis n'ont pas pour unique vocation de recouvrir le sol. Ils sont l'expression d'un art de très haut niveau. Et de même que les peintures célèbres, les meilleurs d'entre eux constituent des investissements excellents et font partie des patrimoines familiaux.

C'est peut-être au Maroc que sont fabriquées les plus belles armes du monde. Comme il est interdit aux hommes de porter des bijoux, leurs poignards et leurs fusils deviennent des moyens d'exprimer leur personnalité. Les garçons reçoivent un premier poignard dès leur plus jeune âge, mais choisissent eux-mêmes, au moment de leur puberté, celui de leur vie d'adulte.

Les pistolets sont eux aussi décorés avec amour. Le fusil *moukkahla* comporte le plus souvent un dispositif à pierre des plus traditionnels ; sa crosse est ornée d'incrustations d'ivoire et de filigranes d'argent ; chacun entretient son arme méticuleusement.

Comme l'évocation des cités impériales l'a déjà montré, chacune d'entre elles est à la fois un musée et un centre animé d'art et de commerce. Dans leurs médinas, les métiers artisanaux sont florissants. A Fès, ils constituent le secteur économique le plus important.

Cependant, l'art ne se limite nullement à l'artisanat traditionnel. Le Maroc a suscité, fécondé et produit toujours des ensembles d'œuvres d'art moderne d'une vitalité et d'une variété exceptionnelles. Eugène Delacroix fut ébloui, lorqu'il vint au Maroc, en compagnie de l'ambassadeur de France, en 1832. Le peuple et les paysages marocains ont également inspiré des chefs-d'œuvre au peintre Jacques Majorelle. Celui-ci arriva à Marrakech, en 1917, pour des raisons de santé et, cinq ans plus tard, en fit sa résidence permanente. Par la suite, il voyagea dans les environs de Marrakech et dans le Haut-Atlas qui étaient devenus les sources de sa création.

La peinture réalisée par les Marocains est aussi riche que diversifiée. Elle compte aussi bien les formes géométriques mystérieuses d'Hamid Alaoui de Fès que les cavaliers des fantasias d'Hassan el Glaoui, ainsi que les abstractions aussi chatoyantes que des mirages de Mohammed Kacimi de Meknès, sans oublier les œuvres de Mehdi Qotbi, le peintre de Rabat, avec ses compositions symphoniques de couleurs et son utilisation des caractères arabes.

Au-delà de telles créations individuelles, il est important de reconnaître que toutes les cités impériales, prises comme des entités, représentent des chefs-d'œuvre du génie marocain. Dans chacune d'entre elles, des couleurs différentes et des palettes de tons distincts ont été utilisées : à Fès, les jaunes et les gris, à Marrakech, un rouge pastel, à Meknès, l'ocre et, à Rabat, le blanc et le bleu. Qui contemple Fès el-Bali des hauteurs qui la dominent ne peut manquer de constater que la médina constitue une mosaïque aussi grande que complexe.

Et l'art est aussi dans la vie de tous les jours, dans la personne du porteur d'eau de Marrakech, soigneuse-